http://www.edicionesinvasoras.com
D.L. ZA 136-2024
ISBN: 978-84-18885-49-1

Amona Ferrer

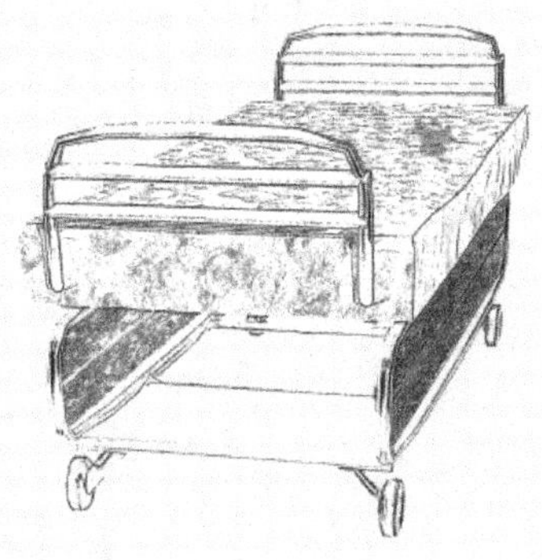

SUD

Situación de Últimos Días

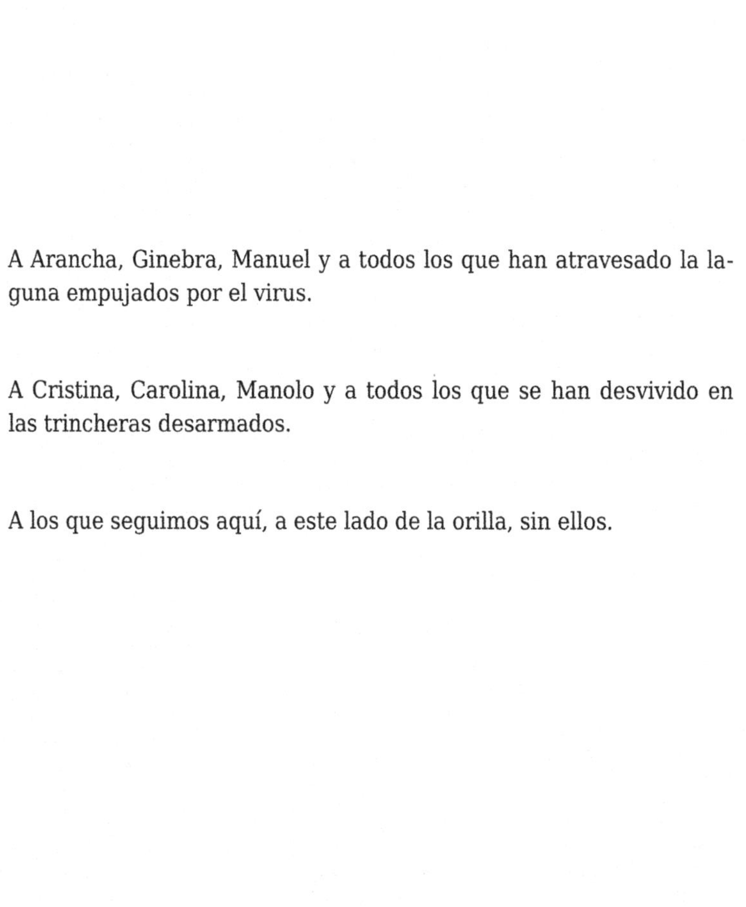

A Arancha, Ginebra, Manuel y a todos los que han atravesado la laguna empujados por el virus.

A Cristina, Carolina, Manolo y a todos los que se han desvivido en las trincheras desarmados.

A los que seguimos aquí, a este lado de la orilla, sin ellos.

Indice

Consuelo....................9
Caronte....................11
El Buen Suceso....................13
Alma, atormentada....................15
Bozal....................16
Sillón número siete....................18
No oigo campanas....................20
Por un día....................23
El ascensor....................24
Camiones....................27
Miércoles de Cenizas....................28
Basura....................29
Alma resiste....................32
San Ginés....................33
Moiras....................35
Consulta....................38
Madriguera....................40
Alma, derrotada....................42
Arresto....................43
Que me lo paguen a mí....................44
Alma y el ángel....................48
La pelota....................50
San Cosme y San Damián....................52
Alma, sedada....................54
Línea 2....................55

Carnaza.....57
Alma y las estrellas.....60
El día del Señor.....61
Alma, en urgencias.....65
Tú, a lo tuyo.....66
Alma ingresa.....69
San Francisco el Grande.....70
Alma, de espaldas.....72
Compañero.....73
Alma en calma.....75
Pobre de mí.....76
Salir de casa.....79
El rapto.....80
Alma se apaga.....82
Tequi.....83
La mirada de Alma.....85
Despedida.....87
Adiós, Alma.....88
Ritos.....90
Buena ventura.....92
El valle de Josafat.....94
El charco.....97
Oscuras golondrinas.....100
Tercer acto.....103
Coda.....106

Consuelo

Quince de marzo del 2020

2º día de confinamiento

Andrea. Le agradeceré que me escuche con atención, es muy importante lo que voy a decirle.

Consuelo. Sí, señora.

Andrea. Como usted sabe, mi marido y yo trabajamos en el hospital, y no podemos acercarnos a los niños; en realidad, a nadie, tampoco a usted.

Consuelo. No diga eso.

Andrea. Tenemos que ser practicas. Quiero explicarle cómo nos vamos a distribuir la casa, porque no podremos estar juntos. Usted nos pedirá lo que necesiten, escríbalo en un papelito y nos lo pasa por debajo de la puerta. Habrá que buscar quien se lo traiga; estoy pensando en el portero.

Consuelo. Señora, no quiero hacer eso.

Andrea. Hay que hacerlo. Mi problema es el baño. Esta casa es un túnel con ojos. Un baño está en la cocina, y la cocina tiene que quedar de su lado para que prepare la comida a los niños. El otro baño está al fondo, y solo se llega atravesando todo el piso, así que estará también en su lado. Sinceramente, no sé cómo resolver esto.

Consuelo. ¿Pasando por el patio?

Andrea. ¿Se imagina a mi marido saltando en pijama de ventana a ventana para mear?

Consuelo. No se me ocurre nada, señora.

Andrea. Al final tendremos que irnos de aquí mi marido y yo, pero ¿dónde?

Consuelo. ¿A casa de su madre?

Andrea. Mi madre es muy mayor, es hipertensa y le sobran kilos; sería un riesgo para ella. Nosotros somos una bomba.

Consuelo. ¿Con su hermana?

Andrea. Ye le he preguntado. Me ha dicho que no, que a mi cuñado le da miedo.

Consuelo. Señora, yo también tengo miedo.

Andrea. Tranquilícese, Consuelo, todos lo tenemos.

Consuelo. Quiero decir, señora, que no me puedo quedar con sus hijos. Que no puedo abandonar a mi familia por la suya.

Andrea. ¿Me está diciendo que no puedo contar con usted? ¿Qué hago con mis hijos?

Caronte

Dieciocho de marzo

4.º día de confinamiento

Alma y Aurora llegan puntuales a la consulta de oncología de su hospital. Han atravesado calles desiertas, abandonadas por el animal humano escondido en el interior de su cueva. Son la 11 de la mañana. En la zona de acogida de pacientes, una residente con mascarilla y guantes toma la temperatura a todo el que asoma por la puerta.

Los enfermos se sientan alejados unos de otros. Son pocos, están asustados, se temen entre sí. Intentan hacerlo bien; llevan mascarilla por primera vez en su vida, se la han dado a la entrada. Hay un silencio angustioso. No se atreve ni a mirarse.

La espera es corta.

Caronte sale para acompañarlas a su consulta. Va caminando detrás de Alma, pegada a sus pies. Ya en consulta, acomodada detrás de su escritorio, les dice:

Caronte. Sé que está mejor, y decidida a tratarse. Sigo pensando que nada le va a ayudar, que se vaya a casa. Si le duele, avise a su médico de familia. No se puede hacer nada mas por usted. Lo siento.

Alma. ¿Eso quiere decir que me vaya a casa a morir? *(Silencio, cara inexpresiva, gélida. La pregunta rebota).* Así, ¿sin nada más que decir? *(Caronte no mueve un músculo. Alma, con su mascarilla en la boca, se levanta arrastrando su carrito de oxígeno).*

Aurora. ¿Y si se pudiera iniciar inmunoterapia, valorar progresión, revisar evolución?

Caronte. Mi criterio es que no hay nada que hacer.

Alma y su acompañante salen juntas, calladas.

Han estado en consulta tres minutos.

Caronte no ha necesitado revisar los datos de la historia clínica para dictar sentencia. Le autoriza la situación.
Escribe: «Se comunica a la paciente que no se le prescribirá ningún tratamiento. La paciente se muestra de acuerdo».

Alma y Aurora, ya en la calle, se miran. Sus ojos se buscan por encima de las mascarillas. Lloran sin poder abrazarse.

El Buen Suceso

Diecinueve de marzo

5.º día de confinamiento

Buenas tardes, Jaime. Dondequiera que estés, vives en mi recuerdo.

Te dejamos ir, cogidos de la mano tú y yo, en tu casa, nuestra casa. Era ya de noche cuando se apagó la luz. El amanecer te encontró dormido para siempre.

Fueron meses de verte desdibujarte, de cuidar tu cuerpo, un cuerpo viejo y enfermo, pero más presente que tu cabeza y tu corazón, que ya se habían ido de la mano de la demencia.

Te escribo recluida en nuestro piso, del que no puedo salir. A esta prisión, que durante nuestra juventud se llamaba luto y a la que, modernos como éramos, no encontrábamos ningún sentido, ahora le llaman confinamiento. No es solo para viudas, es para todo el mundo. Por lo visto, así nos defendemos del peligro amarillo.

Nosotros, tus amigos y yo, que tenemos ya setenta bien cumplidos (alguno que otro, ochenta y más), que nacimos en la posguerra y merendamos pan con pan, o con una onza de chocolate, vamos a pasar nuestros últimos días encerrados.

Somos mayores.

Tú eras un hombre culto, preocupado por tu época y sus dificultades. No tengo que explicarte qué es una unidad de cuidados intensivos. Te parecerá mentira saber que con los abuelos no pueden hacer gasto, que no hay para todos. Menos mal que de sedantes no andan escasos y tendremos la misma suerte que tuviste tú: morir sedados. A Íñigo, el del frontón, le ha tocado ya. Unos años antes, creo, de lo que la parca tenía pensado para él.

A Águeda, que vivía en una residencia, no les permitieron trasladarla y se ahogó. Una menos, qué se le va a hacer.

Sé todo esto por Míriam, la hija de tu amiga Lola, que es enfermera y habla como una descosida.

A nadie se le pasa por la cabeza que podamos ser útiles, y solo les preocupa que no salgamos de casa. No son los mejores tiempos para ser viejo.

Me dan ganas de irme contigo y que se queden con su mundo de fantoches y pintamonas.

Alma, atormentada

Veintitrés de marzo

19 días de confinamiento

En el cuarto de estar de su casa, Alma vive tirada en el sofá. Tumbada. Dando vueltas sobre sí misma, vigilando su mundo desde la horizontal.

Alma. Llevo seis días con los oídos supurando. No me preocupa: seguro que es de la ducha, me ha debido entrar agua.

Aurora. Además del oído, ¿sigue doliéndote el brazo, o es más el costado?

Alma. Y yo qué sé, ¿cómo distingo un dolor de otro? Creo que es la postura; estoy todo el santo día tumbada, apoyada en el mismo lado.

Aurora. ¿Qué estás tomando para el oído?, ¿paracetamol?

Alma. ¿Qué más da?, no sé si podré aguantar esto.

Aurora. No digas eso.

Alma. Déjame en paz. Si me muero, ¿cuál es el problema?

Bozal

Veintiséis de marzo

12 días de confinamiento

Salgo a estirar las piernas, lo he hecho toda mi vida.

La calle está desierta, como si hubiera caído una bomba nuclear. Parece una distopía gráfica.

En la plaza, aparcados en la esquina, veo dos coches de policía: una frontera militar en mi propia calle. Vivo en una ciudad sitiada.

Ha acabado la libre circulación del rebaño.

—Hijo de puta —le digo al guardia entre dientes cuando paso a su lado

—¿Cómo dice? —me pregunta el guripa.

—Buenos días, oficial.

—No soy oficial, soy agente.

—Buenos días, agente.

—¿Qué hace usted por la calle?

—Ya lo ve, dando una vuelta.

—No se puede salir. Es una medida de precaución. Estamos confinados.

—Por protección dice usted; para encerrarnos sin delito diría yo.

—Quédese en casa, por usted, por todos. Así pararemos esto.

—Soy un ciudadano, siempre he ido a mi aire.

—Por favor, piense lo que dice, vuelva a casa.

—A mí nadie me dice lo que tengo que hacer.

—No es momento para cabezonerías.

—Siempre he ido de aquí para allá según me petaba.

—Insisto. Cumpla usted con las exigencias del estado de alarma.

—No soy un niño. Puedo salir cuando me dé la gana.

—No en estos momentos.

—Usted no es mi papá.

—No me obligue a arrestarlo

—Yo no le obligo a nada, faltaría más.

—Su documentación.

—No se sienta usted obligado.

—Su documentación he dicho.

Se la doy. Me planta una multa de seiscientos euros.

—La furia depredadora del Estado tiene en usted un aliado —le digo.

—¿Qué? —me pregunta intimidante.

—Sabía yo que era usted un hijoputa. Este cuento chino nos ha arrebatado la libertad.

—Váyase, váyase. No me fuerce a detenerle por desacato.

Me largo con el rabo entre las piernas.

Soy pintor. Detrás de estas avenidas desalojadas, de estos carceleros, está el Triunfo de la muerte, un cuadro que veía de niño en el Prado y me asustaba mucho. Mi padre me quería separar de esas imágenes a toda costa, y me arrastraba para apaciguarme al cuadro de Las lanzas.

Sillón número siete

Veintisiete de marzo

13 días de confinamiento

Me llamo Aurelio. No quería venir. Tengo 72 años. Mi mujer se ha empeñado, ha llamado al SAMUR y todo ha empezado a rodar. No he podido negarme. No sé desde cuándo estoy en este sillón, con fiebre, tosiendo. Viendo morir a mi alrededor. Preguntándome si ya ha llegado mi hora.

Soy Andrea, su médico. Veo sus análisis, sus pruebas, no veo informes. Esta colección de cifras no es una historia clínica.

Soy Lourdes, su mujer. No le quiero en casa dejándose morir. En el hospital harán todo lo que puedan, no pierdo la esperanza. Es un hombre fuerte, nunca ha estado enfermo. Hice lo que debía.

Aurelio. No quiero acabar aquí, doctora. Míreme a los ojos y ayúdeme. Quiero irme a casa.

Andrea. Mi trabajo no es acompañarle hasta el final, es hacer todo lo posible para que no llegue.

Lourdes. ¡No le di ni un beso de despedida! ¡Fue todo tan rápido!

Aurelio. No sé si me mira usted, cuando le hablo, no puedo verle los ojos con esas dos máscaras y ese traje de plástico que la hace sudar tanto.

Andrea. No puedo ayudarle más, no puedo con esto. ¡Me recuerda usted tanto a mi padre!

Lourdes. Cuando se llevaron a mi marido al hospital y le dije adiós, sentí que me lo arrebataba un tsunami.

Aurelio. Nunca fui a patinar al Palacio de Hielo. Allí reposaré con el frío de la muerte y la compañía de otros cuerpos también congelados. Si salgo de esta, aprenderé a patinar, me deslizaré por la pista con mi mujer...

Andrea. Me aplauden cuando no sé qué hacer.

Lourdes. Confía en tu médica, cariño, algo se le ocurrirá.

Aurelio. No respiro bien.

Andrea. Estoy agotada. No sé cuántas guardias llevo este mes.

Lourdes. Mi marido es un niño indefenso con cuerpo de abuelo, condenado a morir solo. ¿Qué pasaría si en lugar de morir los viejos, murieran los niños? ¿Cómo se quedaría esta ciudad con tres mil niños menos?

Aurelio. El paciente de mi derecha, el del sillón seis, un hombre joven, habla conmigo de sus hijos lleno de entusiasmo.

Andrea. Me toca decidir quién sube a UCI. Hacer las listas.

Lourdes. Tragar esto será lo que llaman aceptación.

Aurelio. Tengo frío.

Andrea. Paso mucho miedo.

Lourdes. En la sala de espera hay un solo baño para cuarenta y ocho pacientes. Con lo pudoroso que es Aurelio, ¡es capaz de no ir! ¡Y lleva allí tres días!

Aurelio. Me gustaría dormir.

Andrea. Si a pesar de todas estas escafandras, me contagio, ¿qué estaré llevando a casa? Soy madre. ¿Seré la próxima? ¿Es esto un genocidio?

Lourdes. Le llamo una y otra vez a su móvil, pero ya no contesta... ¿Estará descargado?

No oigo campanas

Treinta y uno de marzo

17 días de confinamiento

Querido Jaime. Esto va de mal en peor. Las sirenas de ambulancia se han adueñado de la ciudad y las oigo a todas horas. Me acompañan como un hilo musical. No oigo campanas a muerto. Es como si no muriera nadie. Encerrada en casa, intento saber qué pasa fuera. He vuelto a usar radio macuto.

¿Te acuerdas cuando éramos jóvenes y leíamos los periódicos entre líneas, buscando las noticias que nos interesaban y que no encontrábamos nunca? Pues ahora es peor: solo hay cifras.

Ayer hablé con Julia. Me contó que su madre, María, está aislada en la residencia esa a la que nunca quiso ir. No están permitidas las visitas desde que empezó el confinamiento. Hablan mucho por teléfono, eso sí. María siempre fue una parlanchina.

Decidí llamarla. Me pareció que así me sentiría útil; lo necesito. Además, la quiero. A mi manera un poco arisca, la quiero. No te puedes imaginar las ganas que tenía la pobre de hablar. Me tuvo una hora colgada al teléfono. Fue abrir un dique.

—Hortensia —me dijo—, qué alegría oírte. Es la primera vez desde que empezó todo esto que me siento en el mundo, que le importo a alguien. Llevo encerrada en este cuarto desde el catorce de marzo. Me dejan la comida en una bandeja al otro lado de la puerta, y solo puedo abrir para recogerla cuando dejo de oír pasos en el corredor.

»Tengo fiebre. Noto el miedo que eso les da, que me da a mí también. Tengo tos, me duelen los huesos. Procuro no quejarme. Si me quejo y les llamo, me dicen que vendrán cuando puedan y me dejan en el pasillo un paracetamol.

»A Julia le pedía que viniera a verme y que me llevara al médico. Ya no lo hago. Dice que aquí no se admiten visitas, que las consultas están cerradas. Le han asegurado que no tengo neumonía y que estoy bien. Yo me pregunto cómo lo saben si nadie se ha acercado a mí desde el domingo. Tengo miedo de que me abandonen a mi suerte.

»Tomás, mi vecino del cuarto de la derecha, tose como un tísico. El concierto que da por las noches no me deja dormir.

Tranquilicé a María, me despedí y llamé a Julia; rompió a llorar.

—Sé que mi madre está mal, contagiada, pero no puedo hacer nada. Imposible traerla a casa. Cuando consigo hablar con la residencia, y no es fácil, porque comunica todo el tiempo, me dicen que hacen todo lo que pueden. Que no auscultan a los pacientes para no hacer circular el virus, que no los pueden tocar: se contagiarían. Tampoco pueden mandarla al hospital. Con los años que tiene, sería peor.

»Imagínate lo que debe ser eso: todos los abuelos encerrados en sus habitaciones. Menos los que tienen seguros privados de los caros, que han huido hacia sus clínicas al primer estornudo. Los cuidadores, que ya antes no daban abasto, intentan protegerse. Los positivos, de baja. El médico de la residencia, don Néstor, ayudado por el del ambulatorio, reparte paracetamoles y hace certificados de defunción, dejándose la piel.

»Me siento como si hubiera abandonado a mi madre en un campo de concentración.

»Cuando hablo con ella, intento animarla. Ella hace lo mismo conmigo. Ni una sola vez me ha pedido venir a casa. Sabe de qué va esto, se entera con sus antenitas de siempre. Ya la conoces. Antes me lo pedía y me lloraba cada vez que nos veíamos. Ahora, cuando nos decimos adiós, se nos hace un nudo en la garganta. Las dos sentimos que puede ser la última vez.

—Como tú comprenderás, Jaime, la escuché sin decir nada, ¿qué podía decirle?

»Todas las tardes, a las cinco, llamo a María. Ayer me dijo que anteanoche dejó de oír toser a Tomás a través del tabique, y que después del desayuno oyó pasos de hombres y las ruedas de una camilla. Después, nada. Se han llevado el cuerpo, estoy segura —dice.

—¿Tú cómo estás? —le pregunto. Me contesta un silencio.

—Bien.

Hoy, a las cinco, no me ha contestado las llamadas. Me he preocupado y he llamado a Julia.

—Mi madre murió ayer.

Por un día

Uno de abril

18 días de confinamiento

—Al pasar por el control, he visto llorando a la doctora. ¿Sabes qué le pasa?

—Sí, acaba de morir el del sillón siete y se ha hundido.

—¿El viejecillo del bigote a la turca?

—Por lo visto se llamaba Aurelio.

—Ayer, cuando fui a tomarle las constantes, parecía que iba a aguantar.

—Eso pensó la doctora, y por eso anoche, que aún podía, no le subió a UCI.

Hoy, cuando le puso en la lista, sobrepasaba la edad del protocolo de entrada en UCI.

El ascensor

Seis de abril

23 días de confinamiento

Mi nidito de amor está en una de las cuatro torres. En el piso veintiséis, por encima de las nubes. Las vistas que tengo me dan la sensación de vivir por encima de la ciudad. Sobrevolándola.

Soy actriz..., bueno, a ti no puedo engañarte: vivo de ser guapa. Debo menos a la naturaleza que a mi esfuerzo. Con 14 años iba para gorda, y no era rubia. ¿Te acuerdas la rabia que me daba? Lo pagaba contigo. Como menos que el jilguero de papá, me he dejado una pasta en la pelu para ser una rubia platino y gracias a mí curre me he regalado unos pechos caros, perfectos

No siempre consigo disfrutar el revolcón. ¡Qué se le va a hacer! No me gustan los perroflautas, ni los viejos sueltos de mano. En cambio, los machos alfa bien colocados, que respiran seguridad, me ponen como una moto. Los políticos, con su olor a poder y a paranoia, actores como yo, cuando compartimos polvos y espejo, me calientan hasta las entretelas. De los ricos de verdad no me atrevo a hablar con nadie, y menos contigo. Me dan miedo: no se sabe nunca hasta dónde llegan sus antenas.

Les cobro, sí, pero sobre todo lo pasan bien. Ahora, confinados, temía arruinarme, pero todos estos CEOS y mandamases salen a chanchullar y se las arreglan para aparecer por aquí. Su temor a que les roben la escena no les impide pedirme mamaditas, y luego a la ofi o al Congreso, a hacer de héroes con bozal y a insultarse como gañanes.

Se la empalma el hecho de que salga en la tele. Antes de la pandemia presentaba un programa de chonis en bañador, ¿te acuerdas? Si te dejan de ver en la caja tonta, se les baja y te pueden cambiar por otra. «Rubias como tu las hay a espuertas», me dijo mi repre. Me recomendó que contratara a una friki de las redes para que me vieran a todas horas en su pantalla.

La mejor idea que ha tenido en su vida, la fulana en cuestión: me tiene todo el día en Facebook, Instagram y TikTok. Ha hecho de mí una *influencer*. Me cuesta reconocerme en la pijita de boca abierta que aplaude a los médicos con lágrimas en los ojos y recomienda pijamas, pero soy yo: la niñata recién graduada que despediste desde el andén aquella mañana helada. Esa que vino a la capital desde el pueblo a comerse el mundo.

Les vuelvo locos, mi Whatsapp echa fuego, y les he subido el precio. En pleno COVID, mi negocio va mejor que nunca. No te preocupes, me puedo dar el gustazo de seguir ayudándote hasta que salgas del ERTE. Eres mi hermana. Si las cosas siguen así, te buscaré trabajo de lo tuyo, Mary. Conozco a todo quisqui.

Te da miedo, dices, que me contagie con tantos maromos por muy *first class* que sean, merodeando por aquí, quitándose los calzoncillos. Imagínate qué podría pasar si les contagiara yo: bancadas vacías de todos los colores, tumbadas por mi virus. Si me preguntas a quién preferiría cargarme, me costaría elegir. Pero no puedo poner en juego mi *body*, que es mi *business*, ni la confianza de la clientela.

No te asustes, hermanita. Yo solita he ideado un ritual de desinfección que enciende la mecha y me protege. Me lo monto en plan Exuberancia. Les recibo desnuda. Abro la puerta del descansillo en cueros, y les hago quitarse la ropa antes de entrar. Se quedan solo con la mascarilla. El miedo a que les pillen les da un subidón impagable. Yo me encargo de que no pase. Bloqueo unos minutos el ascensor con una aplicación, pero no se lo digo: que disfruten la adrenalina. Luego, ya dentro, les doy gel en pies y manos, meto la ropa en una caja hermética que tengo a la entrada y les empujo al baño. En la ducha me los trabajo a fondo. Agua fría para los espartanos, la esponjita de bebés para los más enmadraditos. En la boca, colutorio, y a hacer gárgaras.

Todo este tinglado lo habrás visto en vídeo en mis redes. Se llama «Volver a casa», *trending topic*.

El tío que actúa conmigo está cañón. Le he pagado en carne; una gozada, no me importaría endeudarme con él. Delante de la cámara me quito muy despacio la ropa interior antes de desnudarle jugando con el gel. Si tu Guillermo no fuera un cafre, te regalaba las braguitas y el suje.

Tengo favoritos, por supuesto. El caudillo indepe y el espadachín de los tercios son mis preferidos.

El de la izquierda, porque se muere de ganas de hacerse una foto conmigo y no se atreve. Soy lo contrario de lo que predica. Es feminista, antiputas, y cuando habla dice «nosotras». El de los tercios, porque quiere una foto conmigo envuelta en la bandera: le haría más macho delante de su tropa.

Lo paso bien haciendo a la gente feliz. Se lo cobro a precios de muchos ceros, pero les merece la pena: tengo unas vistas inmejorables, y en mi cama se hace de todo. La lluvia dorada, que tanto nos divertía de niñas, tiene precio especial.

Desnudos, asomados a mi ventana, con la ciudad a sus pies, se sienten dioses.

Camiones

Ocho de abril

24 días de confinamiento

Me asomo a la ventana con el niño en brazos. Son las diez. Es un día claro y frío de primavera. No se ve a nadie por la calle. Todo está cerrado. El silencio hace daño, corta como una navaja.

Por el centro de la avenida avanza un convoy de camiones custodiado por el ejército.

Me gustaría pensar que llevan material sanitario. Sé que son cuerpos sin vida. Van de viaje: del Palacio de Hielo al crematorio.

Salen de la ciudad en todas direcciones, no van muy lejos. Dentro de unos días, los enviarán de vuelta a casa en cajitas etiquetadas con su nombre.

Mi hijo lo señala con el dedo, ilusionado.

—¡Rum, rum...!

—Kaputt —le digo, y le beso en la frente.

Miércoles de Cenizas

Nueve de abril

26 días de confinamiento

En el sofá, recién bañada, con sábanas limpias y la TV encendida sin voz.

Alma. Ya me he ido, ya no estoy aquí como estaba antes.

Aurora. ¿Por qué dices eso?

Alma. Porque lo sé, el cuerpo me lo dice.

Aurora. Los cuerpos no hablan.

Alma. Es mi última Semana Santa.

Aurora. No puedes hablar así, te hace daño.

Alma. Ya no me hace daño nada.

Aurora. A mí sí.

Alma. Tráeme unas flores, unas lilas.

Aurora. Come algo.

Alma. Cuando me muera, haced con las cenizas lo que os dé la gana. Me da igual.

Basura

Doce de abril

30 días de confinamiento

Le pone de mala leche este jodido encierro. Le envenena la sangre.

Si hiciera lo que le diera la gana, se metería en la cama, se taparía con la manta y saldría de la piltra cuando acabase esta gran cagada.

Yo lo llevo de otra manera. No sé si me odia por eso o le doy una pena infinita. Me oye trajinar por la casa..., frotar hasta la silicona..., y me mataría. Luego se siente culpable y me la mete para redimirse.

No sé cómo montármelo en esta normalidad anormal en la que, por lo visto, vamos a vivir.

Siempre creí que un bar era una apuesta segura. Es un incordio atender borrachos, pero Guillermo lo lleva bien. Sabe poner cara de póker y seguir a sus cosas. Nuestro bar es pequeño y de barrio, da para dos turnos y para él. Total..., tres sueldos. Mejor dicho, daba.

De momento se las ha ingeniado para que las chicas tengan su ERTE. Yo creo que debía cerrar. A tomar por saco. Así no tendría que limpiar cáscaras de gambas todas las putas noches.

El gestor, un tipejo al que paga para que le dé la paliza, le dice que reme a favor de la corriente. Que liquide o haga con las niñas un acuerdo en plan cooperativa.

Las tías le han dicho que nones. Que no se ven currando de patronas. Que las despida y las indemnice. Yo lo haría. Que se preocupe por ellas su santa madre.

Sabe que más pronto o más tarde tragarán, porque no hay otra. Nos repartiremos lo poco que de la distancia de seguridad en la barra. Lo que aforen los cuatro clientes acojonados que se pasen por allí medio escondiéndose, como si fuera delito tomarse una copa, ridículos con esa mascarilla de ayudante de dentista.

Menudas juergas se van a correr en la taberna; lo mismo lo pasaban mejor en el tanatorio, que les dejan ser tres.

Por mí que la traspase y nos comemos la licencia. Que ponga una lavandería. Todo lo que sea darle a la lejía va a ser negocio cuando tengamos el tercer grado.

Todas las mañanas voy al mercado, arrastrando merluzas y respetando distancias, así me doy un voltio justifica... Por las tardes le pido que saque la basura. Es su único recurso para estirar las piernas y respirar, no tenemos perro. Ahora tócate las pelotas: es un favor enorme sacar esas repugnantes bolsas de plástico escurriendo agüilla.

No coge el ascensor, disfruta bajando las escaleras. Le gusta encontrarse con algún vecino, pegar la hebra, decirle lo primero que se le viene a la cabeza. Antes los evitaba como a la peste. Ahora los espera en los descansillos para darle a la húmeda.

Pero hasta ese dulce se le amarga empapelao. Hoy ha bajado las dos bolsas como todos los días, haciendo repiquetear sus chanclas por los escalones y dejando un rastro de olor a chirlas porque hemos comido arroz.

Cuando sale, abro la ventana y le miro desde lejos como si fuera un desconocido. He aprendido a quererle.

Los contenedores rebosaban, y no son precisamente macizos de flores.

La tarde languidecía con ese rosa crepuscular que siempre le ha gustado disfrutar en la taberna con un Jumilla peleón. Tiene esa costumbre desde que abrió. A esa hora uno puede enamorarse de esta mierda de ciudad, dice.

Salió del portal, la calle estaba desierta. El silencio era impresionante, había pasado ya la cencerrada de las ocho de la tarde. En la esquina, en un coche de policía, los maderos descansaban apoyados en la carrocería, enmascarados.

Le siguieron con la mirada, indiferentes y a lo suyo. Depositó sus restos.

De vuelta se paró en el escaparate de la droguería, cerrada a cal y canto desde que empezó todo esto. Conocemos al dueño. Se jubilaba este año. Entre el súper y el chino, el abuelo era una momia. Lo mismo la ha palmao ya en su chiscón. Se lió un cigarrito; siguió sin pasar nadie. Se echó a llorar. Sentí vergüenza de sus lágrimas.

La tarde moría abandonada. Las calles parecían mujeres desnudas despatarradas encima de la cama. Solas.

Volvió a casa.

—La madre que me parió —dijo—. Mañana sacas tú la basura, Mary.

Alma resiste

Trece de abril

31 días de confinamiento

AURORA. ¿Cómo estás?

ALMA. Jodida, como siempre.

AURORA. ¿Tienes fiebre?

ALMA. No, y aunque la tuviera no te lo diría. No quiero que me vea ningún médico, no quiero que me manden al hospital a morir como un perro.

AURORA. Depende mucho de ti, de que te cuides.

ALMA. Sí, échame la culpa. Lo que me faltaba...

AURORA. Solo te pido que no salgas, que no te expongas.

ALMA. Hace calor. Dicen que vienen dos semanas de lluvia. ¿Has pensado que quizá ya no vea nunca más el sol?

AURORA. Eres una trágica.

ALMA. Me duele la garganta, y no tengo olfato.

San Ginés

Catorce de abril

32 días de confinamiento

Querido Jaime. Estabas mal, era natural que cayeras. Fue casi lo mejor. La cabeza perdida, y en diálisis: estabas en primera línea.

Tuvimos la fortuna de que no se encarnizaran contigo. Nuestra médica de cabecera, esa mujer tan cariñosa, avisó a paliativos y supimos qué hacer. A veces pienso que te ayudamos a irte para que no vivieras todo esto.

Pasé tu última noche contigo. Aquí, sentada al borde de tu cama, recordando cómo nos conocimos, nuestra boda de progres: tu madre, tan señorona ella, mirando a José, nuestro amigo cura, que ofició en vaqueros. Su jersey a lo Marcelino Camacho disgustó más a tu madre que mi ramo de rosas rojas. Nos casamos el 14, y yo me empeñé en llevar unas bragas moradas que solo viste tú. Hoy me las he puesto amarillas para celebrar nuestro desencuentro. A esto se reduce ahora nuestra vida sexual, a llevar bragas de colores.

Después de sesenta años juntos te sacaron de casa unos desconocidos. No pude acompañarte al tanatorio, ya estaba recluida. Tu cuidadora pasó a ser la mía. Me he quedado hecha un trapo. Ahora, de los muertos te llega la ceniza un par de semanas más tarde. Eso sí, pagas a la funeraria como siempre.

Morir en casa acompañada, como tú, es un privilegio que no tendré.

Sé todo esto porque tus amigos y yo hablamos mucho, más que cuando estabas vivo, que solo tenías tiempo para trabajar. Quieren que aprenda a usar aplicaciones para vernos en el ordenador. Pero ya sabes cómo soy: con el teléfono me apaño muy bien. Además, no quiero ver a nadie, ¿para qué?, todo son desgracias.

Este virus está acabando con nosotros a la chita callando, es como si hubiéramos muerto ya.

Estoy cansada, me siento cada día más vieja.

Tuviste suerte de verdad, créeme, Jaime. Ahora morir fuera del matadero es mucho más difícil.

Moiras

Diecinueve de abril

37 días de confinamiento

Estoy aquí sentada como si todo fuera normal. Esto empieza a ser mi rutina. Vengo al hospital sin pendientes, sin reloj, sin anillos. Me visto sin ver a nadie, salgo al corredor sin ver a nadie. No reconozco a nadie por los pasillos; solo aquí, en el control, consigo encontrar miradas amigas.

Delante de mí hay dos filas de camas de 24 en fondo. Total, 48 pacientes de los que no sé nada... Solo me tengo que ocupar de su analítica, su saturación y su edad. Si se les perfora el intestino no lo sabré a tiempo. Mi compañera y yo somos las responsables de este lazareto.

Conozco a Vara desde la residencia. Es muy buena persona, procura hacer su trabajo lo mejor posible. Como a mí, esta situación le viene grande.

Por eso, su seguridad me deja perpleja.

—Lo veo en la cara del paciente. Cuando los miro sé quién no va a aguantar, quién no va a evolucionar bien.

—¿Qué dices?

—Eso, que se lo veo en la cara, Andrea. Veo quién se va a ahogar, a quién se va a llevar la neumonía.

—¿Qué ves exactamente?

—No sé decírtelo, es una intuición.

—Pero los médicos no funcionamos por intuiciones, Vara, tiene que ser algo más.

Míriam, la enfermera, nos escucha desde el interior de su EPI.

—Vamos a hacer una prueba. Pasamos visita juntas y nos vas diciendo qué ves.

—De acuerdo.

Nos desinfectamos, nos enfundamos en nuestros EPIS. Calzadas con guantes

hasta el codo, sudando como en una sauna, y sin poder tocar nada, nos ponemos en

marcha.

Míriam va delante con el gel en la mano; vamos a ver a los pacientes. Digo ver porque no los auscultamos, no los exploramos. Estudiamos sus datos después, en el ordenador.

Cuando pasamos la planta, los pacientes siempre nos miran esperanzados. No puedo llamarlos por su nombre: no lo sé.

Las camas forman dos hileras. Tengo asignada la derecha; Vara, la izquierda.

Va anotando sus impresiones con su pluma de siempre (algunas cosas no cambian) en su cuaderno de siempre. Recorremos el gimnasio, nuestra planta actual. También se han adaptado la cafetería, el comedor del personal y el salón de actos para pacientes positivos. Aun así, hay pacientes sentados en la sala de espera de urgencias, que llevan allí días.

Después cotejamos las notas con los datos de las historias, y comprobamos que cuando Vara dice «Este no aguantará» se está refiriendo a una persona mayor. No ve el riesgo de muerte en la cardiopatía de la cama 27, un hombre de 36 años, ni en el cáncer de la cama 42, una señora de 49.

Ve la sombra de la pelona solo en la cama de los viejos. Yo la veo por todas partes, podemos llevárnosla a casa.

Esta noche llamaré a mis padres a ver cómo están.

Consulta

Veinte de abril

38 días de confinamiento

Andrea. ¿Es usted, Alma? La llamo para una consulta telefónica.

Alma. Doctora, ¿cómo aguanta usted esto?

Andrea. En automático. Hago atención presencial solo a infectados. Hace dos semanas ya que desmantelamos el servicio para reconvertirlo.

Alma. Gracias por dedicarme su tiempo.

Andrea. Solo puedo aconsejarle que espere en casa. Si empezara su tratamiento ahora, tendría que venir al hospital, y en estos momentos es un riesgo enorme.

Alma. Me toca tragar agazapada.

Andrea. Piense que, si está estabilizada, estos dos meses de espera (confiemos en que no sean más) puede aprovecharlos para reponer fuerzas, y nada cambiará. Si está en franca progresión, nada cambiaría tampoco.

Alma. Pero yo seguro que vivo en territorio del medio, ese en que sí me beneficiaría del tratamiento.

Andrea. Olvídelo, no puede ser.

Alma. La suerte está echada.

Andrea. Cuídese, tenga paciencia.

Alma. Qué fácil es decirlo.

Andrea. Son tiempos de tragedia.

Alma. No soy heroica.

Andrea. La volveré a llamar.

Madriguera

Veinticinco de abril

31 días de confinamiento

He puesto un cartelito en la puerta de mi cuarto para que mi hijo no entre cuando teletrabajo. Hemos dibujado juntos la cartulina. Me he pintado delante del ordenador, con las gafas puestas. Se ha reído y lo ha coloreado. Los colores se salen de las figuras desparramándose por el cartón. A mí me ha pintado amarillo; al ordenador, verde.

Aun así, se acerca siempre que puede. Entra de puntillas. Después de esa proeza, viene a buscarme a gatas. Me paso las mañanas llevándole de vuelta a la alfombra del comedor. Le siento en el suelo y huyo. No quiero ver sus ojos llenos de lágrimas. No puedo dejarle en brazos de su madre, porque teletrabaja en el dormitorio. A ella también le hemos hecho una cartulina. La ha pintado violeta.

Cuando le acostamos, intento que entienda por qué tenemos que estar encerrados. Su mundo es el que es. Tiene cuatro impresiones de las que tirar para fraguar una lógica. Mi mujer y yo, en esto, tampoco estamos de acuerdo. Cree que contárselo al niño es como explicárselo a Yogui, nuestro perro, que no le dan las neuronas. Yo creo lo contrario: que los dos se enteran de todo.

El único sitio donde le gusta estar solo al crío es el orinal. Siempre nos pide que cerremos la puerta del baño. Se ve que empujar le da vergüenza. Así que tiro de cacota:

—¿Te gusta que nos vayamos cuando te sientas en el perico?

—Mueve la cabeza, imagino que ese gesto es un sí—. Pues trabajar es lo mismo, hay que estar solo para empujar.

La madre se ríe y cierra la puerta para hacer su clase de yoga.

Me aprieta el pulgar con su puñito. No le gusta dormir solo.

Mi mujer se va a hacer sus asanas. Está muy guapa. Se ha comprado unos claveles rojos en Amazon y se ha puesto uno en el pelo a la moda de esa Lisboa que se emborrachaba cantando a la tierra de la *fraternidade*.

Apago la luz. Su respiración es tranquila.

No se oyen pasos en las calles desiertas. Me siento solo en la oscuridad. Agazapado.

Alma, derrotada

Veintinueve de abril

48 días de confinamiento

Alma. Hola, buenos días. No puedo más, ¿qué quieres que te diga? Te puedo engañar, claro.

Aurora. No sé qué contestarte, dime la verdad.

Alma. La verdad es que no puedo más.

Aurora. Haz un esfuerzo. ¿Te duele algo?

Alma. Déjame en paz, quiero rendirme. Sentir la calma de la derrota, morir tranquila.

Aurora. Déjate cuidar.

Alma. Solo me preocupa que os empeñéis en llevarme al hospital. Eso sería morir sola y encarcelada. No quiero.

Aurora. Haremos lo que necesites.

Alma. Prométemelo.

Arresto

Treinta de abril

49 días de confinamiento

No es fácil sentir la mirada del crío cuando me peino y me pongo el abrigo para

salir. Adivina que me voy a la calle.

Él no la ha pisado desde que empezó el asedio vírico.

Dicen que el lunes los niños ya podrán salir un par de horas, pero él no lo sabe. Solo tiene oídos para su madre y para mí. Las voces de la tele no tienen sentido para él.

En cambio, Yogui me mira anhelante, ilusionado, mueve el rabo con una alegría contagiosa. Para él, mi abrigo, que yo coja su correa, es excitante. Huele la calle. Él no da miedo a nadie, no contagia.

Mi hijo, con su andar tambaleante y sus piernecillas que apenas le sujetan, va delante de mí hasta la puerta, llorando desconsolado. Se agarra a mis pantalones, se tira al suelo enrabietado. Me parte el corazón.

Llamo a su madre para que se lo lleve en brazos a la cocina. Desde el hombro de mi mujer, me mira furioso, rojo de ira, y sigue berreando como un ternero.

Mientras coloco la correa al perro, oigo unos pasos torpes por el pasillo. Veo a mi hijo venir a cuatro patas, acercarse a mí y ladrar.

Sigue ladrando cuando cierro la puerta de la calle. Yogui y yo bajamos cabizbajos las escaleras. Al salir del zulo, la luz de una mañana de abril nos deslumbra.

Que me lo paguen a mí

Uno de mayo

50 días de confinamiento

Árbol de mi huerto fuiste,
madera te conocí,
los milagros que tú hagas
que me los paguen a mí.

El recinto ferial, el pabellón de muestras, es ahora un largo corredor de camas alineadas de dos en fondo con los baños al final. Un hilo musical de chunda chunda acompaña a los pacientes desde las siete de la mañana. Por los pasillos, entre las camas, algunos enfermos, todos en pijama institucional, ninguno es de su talla, circulan con ojos de angustia. Ya no son la persona que fueron: el cuerpo enfermo la esconde, y el pijama la borra. Van arrastrando sus cánulas y sus palitroques de suero, de la cama al baño y del baño a la cama. El personal va de un paciente a otro, disfrazados de teleñecos con sus EPIS de astronautas de Telecinco. No paran. Las limpiadoras, de escafandra, acarrean sus cubos de la ceca a la meca. A las doce del mediodía suena La Internacional en el hilo musical (hoy es el Día de los Trabajadores), y después una rumba.

Constanza. Sabe a sopicaldo este consomé de lujo.

Gladys Virginia. ¿No te convence la letra escrita? Aquí pone que es sabor de mar caramelizado al ozono de tres puertos. Tiene que saber a gloria.

Constanza. A mí me sabe a chirla.

Gladys Virginia. Qué paladar tienes.

Constanza. Si por lo menos estuviera calentito, quemándote un poco al tragar.

Gladys Virginia. ¡Serás capaz de querer que te lo sirvan en tazón de porcelana inglesa!

Constanza. No estaría mal, nos lo merecemos.

Gladys Virginia. ¿Por pobres o por «bachilleras»?

Constanza. No es una tisis lo nuestro, nos ha podido el virus.

Gladys Virginia. A mí me ha atrapado en el metro.

Constanza. A mí me lo ha regalado la empleada de mi madre.

Gladys Virginia. ¿Lo ves?, cosas de pobres como escupir sangre. Llevamos el bicho de acá para allá.

Constanza. No te quejes, que acabas de beber esencia de siete mares.

Gladys Virginia. Fría y hecha con raspa de sardina.

Constanza. En la tele, el chef ha dicho que nos admira. Ha chupado cámara diez minutos, explicando el menú.

Gladys Virginia. El tipo es guapo.

Constanza. Si tú lo dices... A mí me ha parecido que tiene el punto macarra de los ricos de ahora.

Gladys Virginia. ¡Remilgada!

Constanza. Vamos a por el segundo plato. En la carta pone «Gambón africano hilado con sal gorda».

Gladys Virginia. A mí me sabe a fideo.

Constanza. A mí, a croqueta recalentada.

Gladys Virginia. ¿Nos quitará el hambre? La cantidad es para que se quede con gusa una anoréxica.

Constanza. Calidad no es cantidad.

Gladys Virginia. Eso dice mi patrona cuando aliña las sobras para mí.

Constanza. Nos pasamos el día pensando en zampar.

Gladys Virginia. Cuando salga, me voy a meter para el cuerpo un jitomate con carne de pollo.

Constanza. ¿Sin decodificar?

Gladys Virginia. De los de toda la vida.

Constanza. He visto en internet que este menú de fideos y agua sucia cuesta ciento veinte euros.

Gladys Virginia. Que me los paguen a mí y ya verás cómo comemos.

Constanza. Como cerdas.

Gladys Virginia. No, a lo grande. Lo justo para reponer fuerzas.

Constanza. ¿Tú crees que el tipo sabía que no tenemos olfato ni gusto y nos ha hecho la tres catorce?

Gladys Virginia. ¿Por qué no? La pela es la pela.

Constanza. Ya no servimos ni para consumidoras.

Gladys Virginia. A mí aún me pagan por dar el callo.

Constanza. Por cuidar viejecitos de payo poni.

Gladys Virginia. Por arrimar el hombro.

Constanza. Yo solo soy un número.

Gladys Virginia. No te quejes, princesa.

Constanza. Formo parte del anuncio del cocinero ese y de los gestores institucionales.

Gladys Virginia. Tengo una sorpresa para ti, un alfajor.

Constanza. ¡Qué dices!

Gladys Virginia. Me lo ha traído una de las que limpia por la tarde, que conoce a mi prima.

Alma y el ángel

Siete de mayo

54 días de confinamiento

Por primera vez, desde que se inició el confinamiento. Alma tiene consulta presencial, en el hospital. Ha llegado en taxi, agotada, arrastrando el oxígeno.

Doctora. Buenos días, no se preocupe, vamos a intentar ayudarla.

Alma. Respiro cada día peor.

Doctora. ¿Consigue moverse, ir al baño sola, comer en la mesa con todos?

Alma. No, me duele mucho el brazo izquierdo; paso mis días tumbada en el sofá, mirando al techo.

Doctora. Lleva sin tratamiento desde que empezó el confinamiento, ¿verdad?

Alma. Sí, en mi última consulta me mandaron a casa a morir.

Doctora. Bueno, ha llegado hasta aquí.

Alma. Sí, yo tampoco me lo creo.

Doctora. Vamos a intentar un nuevo tratamiento a ver cómo responde.

Alma. ¿Sin mirarme ni nada?

Doctora. Ya la miraremos cuando esté en marcha, es más práctico.

Alma. Y más barato.

Doctora. Es más seguro. —Alma se levanta, quiere besar la mano a su doctora, es un impulso—. Empezaremos mañana, ¿le parece bien? ¿Para qué esperar más?

La pelota

Nueve de mayo

58 días de confinamiento

Hoy hemos salido a la calle por primera vez, y no sé por qué he cogido la pelota. Quizá pensando que podíamos regatear un poco.

Mi mujer va con nosotros empujando la silla, nos da miedo que el crío se canse. Va encantado. Yogui nos sigue, mirando a derecha e izquierda, como si hubiera decidido ser un perro pastor y nosotros fuéramos su rebaño. No hay lobo a la vista, pero podemos contagiarnos.

Hay otros niños agarrados a la mano de sus padres. Asustados, persiguiendo con los ojos todo lo que ven. Llevan mascarillas tapando sus bocas y sus naricillas.

La sensación es triste, gris como el día que hace, nublado y lluvioso. Hablamos poco.

Nos paramos junto a unos arbustos en el paseo, y pegamos unas cuantas patadas a la bola, que sale disparada cuesta abajo. Un niño algo mayor que el mío se suelta de la mano de su madre y coge la pelota. La mujer le obliga a soltarla y le limpia la mano con gel.

Mi hijo y yo nos acercamos a por ella. Mi crío la recoge y la vuelve a tirar. El niño la agarra otra vez. La madre le chilla, se la quita, la lanza los más lejos que puede y vuelve a limpiarle la mano. Le frota como si tuviera costras. La pelota se aleja rodando. El niño llora y trata de cogerla de nuevo. Mi hijo se suelta de mi mano y se la da.

La mujer, furiosa, me mira como si la estuviera amenazando con un cuchillo. Coge a su crio en brazos, nos arroja la pelota a la cara como un proyectil y nos da la espalda. Mi hijo, con la pelota en la mano, corre detrás de ellos, llorando a moco tendido.

Minutos después, agotado por el esfuerzo de sus piernecitas, se tira al suelo con una rabieta inconsolable.

A lo lejos, el otro niño sigue llorando.

—¡Nene, nene! —Le oímos gritar desconsolado en brazos de su madre.

Yogui ladra, da vueltas alrededor de mi niño y le lame la carita.

San Cosme y san Damián

Once de mayo

61 días de confinamiento

Hace varias semanas que solo hablo contigo, Jaime. El portero me sube la comida del súper y se lleva mis listas sin abrir la puerta, me avisa con tres timbrazos.

¿Te acuerdas cuánto te enfadaste cuando Cristina se fue a vivir a la residencia, de puro buena, para no dejar a Lorenzo solo? Se fueron cuando ya no le podía cuidar. Ella estaba muy mayor, y él seguía gordo y enorme. Era imposible acostarle por las noches, y había que darle de comer.

En marzo, cuando empezó esta invasión vírica y la certeza de que ahora sí había llegado nuestra hora, Lorenzo se puso enfermo. Tenía unos dolores terribles (parecía una apendicitis) y le llevaron al hospital. No preguntes cómo atravesó todos los controles de COVID y le ingresaron en digestivo. Resultó ser un cólico de vesícula; le pusieron en lista de espera para operarle. Cada día le decían al hijo una cosa distinta. El resumen era que no se podía entrar en quirófano, salvo emergencias, porque no se podía subir a las UCIS.

No podían ir a verle. Pensaron que le darían el alta, y que volvería de nuevo al hospital para la intervención cuando lo del virus acabase, si es que acababa alguna vez.

Les llamaban por teléfono y les decían «Todo va bien. Es cuestión de esperar». ¿Por qué esperaba dentro del hospital? Se temían lo peor.

Entretanto, a tu amiga Cristina tampoco la podían ir a ver a la residencia. Hemos aprendido las dos a manejarnos con el móvil, y esos días hablábamos mucho, cada una encerrada en su cubículo. Yo, en casa, haciendo tu duelo, Jaime; ella temiendo por la vida de Lorenzo, encerrada en su habitación, sin poder cuidarlo, sin más noticias de él que esa voz telefónica que hablaba con el hijo.

Era una fiera enjaulada. Recorría una y otra vez su cuarto de la puerta a la ventana y de la ventana a la puerta, comida por la incertidumbre. Toda la vida pendiente de él, y ahora, a dos calles de distancia, les separaba una muralla de protocolos de seguridad.

Buscamos como locas algún conocido en el hospital que pudiera decirles algo más concreto. El hijo también se desvivía buscando un contacto.

Nada, éramos satélites girando en órbitas propias. Encerrados en cajas.

Así han pasado casi dos meses, se dice pronto.

Lorenzo sigue en lista de espera. Cristina no se acostumbra. Cada vez que le sube la fiebre se desespera, y eso que ahora el hijo puede ir al hospital al menos una hora y también puede ir a la residencia a estar con su madre, a decirle como le ve.

Cristina, cuando habla conmigo, solo me cuenta planes de fuga. Es muy novelera, ya la conoces.

Alma, sedada

Trece de mayo

3.er día de la 1.ª fase

63 días de confinamiento para Alma

Alma. Estoy mejor, no me duele el brazo.

Aurora. Te veo muy agotada, muy lenta.

Alma. Es la morfina. No sabes lo tranquila que me deja.

Aurora. Respiras algo peor.

Alma. Sí, supongo. Tengo unos sueños muy divertidos, como si fueran apariciones. Eso sí, cuando voy a contarlos no los recuerdo.

Aurora. ¿Estás comiendo bien?

Alma. Paso el día en la cama con mis gafitas de oxígeno dormitando.

Aurora. ¿Qué has comido hoy?

Alma. Nada, si me voy..., ¿para qué darme el trabajo de comer?

Aurora. Tienes que seguir tu tratamiento, evitar una anemia.

Alma. No estoy para pelear, solo quiero dormir.

Línea 2

Dieciocho de mayo

8.º día de la 1.ªfase

Querido Jaime. Hoy he salido para ir al médico. He oído en televisión que estas manchas rojas que tengo en los muslos pueden ser COVID, y tengo miedo.

Salí a las horas en que podemos salir los mayores, de 12 a 14; fui en metro. Podía haber ido andando. Volví andando, pero al ir tenía prisa.

Todo es tan diferente. Este mundo ya no es el nuestro. En los vagones, la gente iba separada: ocupaba un asiento sí y otro no. El asiento vacío llevaba una enorme pegatina. Los viajeros eran pocos. La mayoría, latinos resignados a correr riesgos para comer.

Entré con mis bolsas y mis piernas hinchadas. No había ningún asiento libre. Me senté en uno que llevaba pegatina y estaba junto a la puerta. Me ajusté la mascarilla y me acomodé de lado, de espaldas, a mi vecino de asiento.

Era un chico atractivo, veinteañero; estaba mirando su móvil. Se puso de pie sin hacer ningún comentario y siguió con su móvil.

Me cambié a su asiento.

Enfrente, de pie, viajaba una chavala preciosa; la mascarilla no le restaba encanto. Lucía un tatuaje en el antebrazo, del codo a la muñeca. El escote en uve mostraba su personalidad.

—No respetan nada —dijo dirigiéndose a mí.

El muchacho no contestó. La miró y siguió tecleando.

La chica se comió sus hormonas y dejó de mirarle.

Eran tan jóvenes. Noté que sobraba.

Si las manchas dan positivo y la COVID acaba conmigo, les parecerá normal.

Carnaza

Diecinueve de mayo

9.º día de la 1.ªfase

Ayer las invitó a cenar un amigo de su padre. Se querían mucho. Estos meses las ha llamado todos los días por teléfono. Les hace ilusión ir a su casa.

Se han puesto guapas y han elegido el vino.

Ha sido una cena de abrazos prohibidos y de recuerdos. Con distancia de seguridad y mascarillas. Su padre, que murió de cáncer dos semanas después del confinamiento, ha estado con ellos esta noche. Se han reído con sus chistes y han brindado por él.

Mañana, Claudia y el vecino irán al taller de su padre. El hombre quiere quedarse las herramientas que le parezcan útiles. Quiere ayudarlas a sacar sus cosas de allí.

—Te llevas el alma de mi marido —le dice Tránsito.

El taller es grande. Su padre sigue viviendo en esta nave de colores suaves, de paredes patinadas como un Fra Angélico. Aquí pasaba sus días. Trabajaba de la mañana a la noche, ensimismado. Aquí están sus maquetas acariciadas por la luz de las celosías. Sus pinceles, unos azulejos descubiertos entre los restos de un pozo... Sus sierras, con los mangos tallados por él; sus pinzas, sus martillos, sus planos. Hasta los tornillos parecen joyas.

Si acaricia sus papeles, le acaricia a él. Su mano, cuando escribía, seguía este mismo camino por estas mismas hojas. Ahora guía la suya. No puede abrir sus cuadernos: él está entre sus páginas. Lo anotaba todo: «28 de febrero. Me encuentro mal».

No les dio tiempo, encerradas en casa, confinadas, solas las dos por primera vez, a enterrarle en su pueblo. Su urna la dejaron provisionalmente en la azotea, en una maceta de azaleas. Ahí sigue.

Mientras espera que llegue su amigo, se sienta en su silla. Por la ventana ve los árboles y la ladera de la dehesa que él veía cuando alzaba los ojos. Esta primavera está siendo la más prometedora de los últimos años. Las margaritas y las amapolas tienen una altura de juncos. Las flores crecen de espaldas a nuestro dolor.

Su vecino entra en tromba. Va directo a los cajones de su amigo.

—Vamos —le dice—, acabemos de una vez. —Ha traído dos cajas de cartón enormes.

—En esta vamos a poner lo que me quiero llevar, y en esta otra, lo que no sirve para nada.

Abre los cajones con violencia, desbarata toda una vida a manotazos.

Arroja a las cajas, sin ningún miramiento, todo lo que va cogiendo. Al caer, hacen un ruido macabro contra el fondo de la caja. Claudia le odia. Está siendo voraz con los restos de su padre.

No puede soportar esos golpes, esa prisa, ese no ver el corazón de su amigo iluminando sus cosas. Busca una excusa cualquiera y se va a casa. Le deja solo. Le dice que vuelve en unos minutos, que va a por un torno.

Corre como una loca a enterrar su cara en las faldas de su madre. No puede hablar, se ahoga.

Iría con la escopeta de caza y le echaría a tiros.

Tránsito no dice nada, piensa en su propia muerte. Tiene 70 años.

Alma y las estrellas

Veintidós de mayo

22.º día de la 1.ªfase

72 días de confinamiento

Aurora. Hola, ¿cómo estás?

Alma. Mal, solo puedo tumbarme bocarriba; de lado me duele mucho.

Aurora. ¿Qué medicación tomas para el dolor?

Alma. Lo que me dijisteis.

Aurora. ¿Y no te es útil?

Alma. Déjame en paz.

Aurora. Mujer, tienes que cuidarte.

Alma. ¿Para qué? ¿Para prolongar mis días tumbada en el sofá? Estoy agotada.

Aurora. Con esta lluvia estamos teniendo una primavera tan bonita...

Alma. Desde mi sofá solo veo una noche sin estrellas.

El día del Señor

Veintiséis de mayo

26 días de la 1.ªfase

76 días de confinamiento

Los domingos, después de comer en casa de mi madre y de aguantar el sopor de la vida en familia, tenia la costumbre para que no me atrapara la tele, de salir corriendo a trabajar con el taxi.

Eran horas tranquilas. Recorría una ciudad aletargada, disfrutando su siesta. Me deslizaba por calles deshabitadas sin que me parara nadie. Buscaba clientes en bulevares en los que no se veía ni un perro meando.

Hoy echo de menos esas tardes de domingo y a mi madre. Me comería su arroz encantado. Este silencio de ciudad confinada, ¡es tan diferente!, me resulta opresivo. Un mal presagio.

Las grandes avenidas están desiertas. Chapados en sus dormitorios, escondiéndose de un enemigo invisible y todopoderoso, el animal humano dormita. En un portal, una paloma picotea un envoltorio de patatas fritas. Es un milagro verla andar por la acera y levantar el vuelo.

Recorro calles y plazas abandonadas. Me deslizo por una ciudad secuestrada por el miedo.

De atardecida, cuando el crepúsculo se funde con el rosa de las nubes, me para un cura, un chico joven que rondará los 30. Es hablador, se empeña en pegar la hebra. Le entiendo mal, no articula bien con la mascarilla.

—Voy a la residencia Los Tilos, a dar la extremaunción. —Le miro por el retrovisor, despierta mi curiosidad—. No se extrañe, hay abuelos muy creyentes, esto les conforta.

—Perdóneme, páter, ¿para dar la extremaunción no hay que tocarles por todo el cuerpo?

—Antes de la pandemia, sí; ahora, como no dispongo de EPI y tampoco puedo pasar de la capilla, me las arreglo en el vestíbulo con los voluntarios. Les hago catequistas en un santiamén. En Los Tilos le dejo los óleos y las hostias a Magdalena, que ya pasó la COVID y ha sobrevivido como una jabata. Tiene noventa y tres años, y le encanta echar una mano.

—¿Es usted algo así como un mensaka?

—Supongo. En el fondo, todo se lo curran ellos.

—Me cuesta creerle, la mayoría estarán más pallá que pacá.

—Magdalena no ha perdido la cabeza, es de las que se enteran de todo, sentada al sol mientras parece no estar aquí. Arrinconada como un trasto inútil, está deseando ayudar.

—Vacas viejas estabuladas —le digo—. Si ya no dan leche, su ocupación es entregarse a la muerte. Les toca resignarse.

—Es lo único que esperamos de ellos.

—Eso, y que no molesten.

Pienso en mi madre y se me encoge el corazón.

—El diez de abril, que era Viernes Santo, me dejaron entrar y rezarles un responso a los seis cadáveres que yacían apilados sobre los bancos de la capilla, Los muertos los acumulaban allí hasta que se los llevaba la UME.

—A pesar de la lejía, olería cuando se los llevaran.

—Siempre huele un poco a orines, por la incontinencia de los yayos.

—Esos meses el olor era otro. Seguro.

—No tenían permitido trasladarlos, y tampoco sabían muy bien cómo tratarlos ni vivos, ni muertos... Yadira, la médica cubana, se quedaba a dormir en el centro y lloraba cuando les sedaba.

Pienso en don Néstor, el médico de la residencia de mi madre.

—Enchironados en sus celdas, los ancianos se enganchaban al móvil.

Como mama, todo el día llamándome.

—Esta cubana, Yadira, es un *crack*.

—¿Está buena, padre?

—Supongo, pero no lo digo por eso. ¡Cómo trabaja! No para. Me gustaría decir que es creyente, pero no. Es una descreída completa, un poco cínica, si me apura.

Le dejo en la verja de entrada, y espero a que salga. Este Tarsicio, con monaguilla casi centenaria, es de los pocos que atraviesa las puertas del *ghetto*.

Ya es prácticamente noche cerrada cuando llevo al chaval de vuelta a su parroquia. El trayecto lo hacemos callados. Todo es oscuridad en la ciudad fantasma.

Sigo un par de horas más en esta imaginaria rodante, buscando un viajero en el corazón de la noche. Me rindo y regreso a casa. Llego agotado. Solo quiero darle un beso al niño y dormir.

Abro la puerta del cuarto de mi hijo. Duerme. Mañana será otro día. Sonrío.

Te acercas por detrás y me abrazas. Te deseo, no sé de dónde sacamos fuerzas, pero siento la vida dando la espalda a la muerte.

Un polvazo. Te preñas.

Alma, en urgencias

Veintisiete de mayo

2.º día de la 2.ª fase

77 días de confinamiento

Alma. Me ahogo, llama a paliativos, llegó mi fin.

Aurora. No te asustes, te acompaño a urgencias.

Alma. Haz lo que quieras, ocúpate tú, yo no tengo fuerzas.

Aurora. Que te bajen al portal, vamos en taxi. En un minuto estoy ahí.

Al otro lado de su mesa, ya en el hospital, a un metro de la silla pegada a la pared donde se ha sentado Alma, la médica de guardia la mira. Está envuelta en plásticos amarillos, lleva gafas de tripulante espacial.

Doctora. No se acerque, quítese el abrigo. Respete la distancia de seguridad.

Alma, con mascarilla, se levanta la camiseta para que la ausculten.

Doctora. Tranquila, arréglese la ropa. No la podemos tocar.

Aurora. Se ahoga, parece que no satura.

Doctora. Llévenla a observación, que pase sola.

Aurora. ¿Cómo iré sabiendo qué le ocurre?

Doctora. La llamarán.

Aurora. Adiós, Alma.

Alma aprieta la mano de Aurora y la mira con tristeza infinita.

La nave espacial se la traga.

Tú, a lo tuyo

Tres de junio

9.º día de la 2.ªfase

Patrullar de noche nunca me ha gustado. El barrio no es el mismo.

Por la mañana tienes garantizado el respeto de amas de casa y de jubilatas. Por la tarde, la indiferencia de todos. Por la noche te persigue como un mal olor, la hostilidad de drogotas y desesperados.

En la esquina de la avenida, para darme la razón, vimos un grupo de borrachos enormes, negros, retintos, demasiado ruidosos para ser manteros. Aquello era una fiesta de camellos de bar.

La distracción de los mendas era empujar una moto aparcada hacia la derecha, donde estaban un par de ellos que la frenaban hacia la izquierda, donde estaban los otros dos, que la paraban como podían.

El juego lo iban a ganar los que finalmente tumbaran la moto.

Se divertían a lo grande. Sus risotadas llenaban la calle. A la moto la estaban dando una paliza soberana.

Gritaban como hinchas de fútbol en día de partido.

Tocaba parar en seco aquella juerga.

En la acera de enfrente, una chavalita, una chocolatina de muy buen ver, color café con leche, lloraba. Un chico, con pinta de perroflauta y cara de buena persona, la consolaba. Supuse que eran los dueños de la moto.

En el coche íbamos también cuatro. Yo era el copiloto.

—Venga, chicos, vamos a mover las piernas —dije, y abrí mi portezuela.

—¿Estás majara o qué? —me replicó Manolo.

—¿Por qué? —pregunté sorprendido.

—¿No ves que son enormes? ¿Que si te levantan y te estampanan, te dejan destrozado?

—Pero somos polis. Les pedimos que se identifiquen y los amilanamos.

—No me hagas reír. ¿No lees los periódicos?

—Si lo dices por aquello de Yankilandia, fue al revés.

—¿Y tú qué sabes?

—El guripa le piso el cuello al negro hasta que se lo cargó.

—Y ahora todos los polis somos racistas y asesinos, ¿o no?

—Yo no, desde luego.

—Por si las moscas, vamos a ahorrarnos la paliza y que mañana nos saquen los colores en los papeles.

—¿Por qué dices eso?

—Porque en estos momentos no estamos en el equipo ganador.

—¿Cómo lo sabes?

—Se huele... Eso se huele en el aire.

—Avisamos a la comi y que nos manden otro coche.

—Sí, claro, y montamos aquí la de Dios. Pareces nuevo en el cuerpo.

—Estas paranas —le dije y sonreí.

—No, majete... Ahora la peli va de poli malo.

—Haz lo que quieras. Yo voy. —Salí del coche. Julio no me acompañó. Puso cara de póker.

Sin los demás no podía hacer nada. Los miré. Volví al coche.

El conductor pisó el acelerador. Tocaba largarse de allí.

Detrás de nosotros empezó a correr un tipo sin mascarilla agitando los brazos. Aullaba:

—¡¡¡Eh, cowboys!!! Valentones, ¡¡¡cumplir vuestro deber!!!

Reconocí al pintor.

Alma ingresa

Dieciséis de junio

2.º día de ingreso

22 días de la 2.ª fase

Doctora. Le llamo de observación.

Aurora. ¿Cómo está? Llevamos más de veinticuatro horas sin saber nada.

Doctora. Tiene neumonía. Estamos esperando los resultados del laboratorio. Si fuera positivo de COVID, ingresaría en la planta de infecciosos.

Aurora. Sé que es una pregunta tonta, pero, si no es COVID, ¿podremos ir a verla?

Doctora. Ya sabe que no. No se permiten visitas.

Aurora. ¿Podemos hablar con ella?

Doctora. Si tiene su móvil, por qué no.

Aurora. ¿Está bien?

Doctora. Tiene puesta medicación en suero y oxígeno. Hay que esperar.

Aurora. ¿Nos dirán el resultado pronto?

Doctora. Depende de nuestra carga de trabajo, es un momento difícil.

Aurora. Les agradezco el esfuerzo. Entiéndanos, estamos muy angustiados.

Doctora. No puedo hacer nada más.

San Francisco el Grande

Diecinueve de junio

100 días de confinamiento

Buenos días, Jaime. Sigo aquí sentada en tu sillón, viendo pasar la vida desde la ventana. Oyendo sirenas noche y día. Despidiéndome.

Me cuesta no estar ayudando, haciendo algo, lo que sea. Siempre estuve en mil historias echando una mano. Sigo hablando con Julia. No sabe cómo decirles a sus hijos que ha muerto la abuela. Que no la verán más.

Ayer vino a verme la cuidadora de tu amigo Pablo. Se quedo debajo de la ventana; me dio miedo dejarla subir. Me contó a gritos su calvario de esta semana.

—Su amigo, doña Hortensia —gritaba—, estaba bien. Ya sabe que no andaba por la artrosis, porque los años le pesaban mucho y porque se había abandonado. Era de los que disfrutan en casa y no quería salir. Antes del confinamiento ya vivía encerrado.

¿Te acuerdas de Pablo, Jaime, de lo guapo que fue siempre, de tus celos, que a mí me hacían reír? Ahora que estás muerto, puedo decírtelo: tuve una aventura con él, nos divertimos mucho. Duró lo que duró aquel congreso en Canarias, para qué más. Nos quitamos la espinita con el revolcón, y listo.

—Trabajar para él —decía esa mujer— era cómodo; además, pagaba bien. Yo soy interna, pero él insistía en que pasara los fines de semana con mi gente. Así lo hemos estado haciendo. El viernes por la tarde me ponía mi mascarilla y mis guantes y volvía el lunes.

He visto poco a Pablo estos últimos años. Desde que empezaste a perder la cabeza, he visto poco a tus amigos. No quería que te vieran. Me daba vergüenza por ti.

—El lunes pasado —chillaba la empleada— volví, y me lo encontré muerto en el váter cubierto de

mierda, con los pantalones bajados y la cabeza colgando. Ya olía. Como me lo ha contado a berridos desde la calle, llorando como una Magdalena, se han enterado todos los vecinos. Menos mal que no le conocían.

El chico más guapo de la cuadrilla nos ha dejado de una forma muy poco elegante. Pero no le recordaré nunca viejo y feo, no me da la gana. Para mí seguirá siendo aquel tío bueno de Canarias.

Alma, de espaldas

Veintitrés de junio

33 días de la segunda fase

106 días de confinamiento para Alma

Aurora. ¿A qué hora es la revisión el jueves?

Alma. No sé, la cita está entre mis papeles.

Aurora. ¿No lo puedes mirar?

Alma. Ahora no, estoy dormitando muy a gustito.

Aurora. ¿Cuántos comprimidos te has tomado?

Alma. Los que me hacen falta y me da la gana. Déjame dormir en paz.

Compañero

Veintisiete de junio

105 días de confinamiento

Entré en su cuarto. Estaba muerto. Era viejecillo, pero volvió a ser cachorro con el crío.

No tenía vesícula, y jadeaba subiendo las escaleras. Hacía semanas que su mirada apagada y triste no se alegraba con nada. Solo el niño conseguía que se pusiera de pie sobre sus patitas peludas.

Le tapé los ojos, lo envolví en una sábana de la cuna y lo puse sobre la cama. Llamé al ayuntamiento. Tendría que decírselo a mi hijo, y no sabía cómo.

Era viernes, llovía, hacía frío, y eso que estábamos en pleno verano. Seguíamos encerrados. Las flores que se habían atrevido a despuntar se helaban.

Recogí sus cosas y las coloqué en su cesta de viaje como si fueran regalos. Cuando se lo llevaron envuelto en un plástico verde, me preguntaron si quería verle por última vez. No quise.

A media tarde escampó un poco. Le dije a mi hijo:

—Vamos a despedir a Yogui. Ayúdame a bajar sus cosas a la plaza y a regalárselas a sus amiguitos.

El niño no habla aún, pero el nombre del perro lo aprendió a decir antes que papá.

No creo que supiera lo que le decía, pero algo notaría, porque fue por toda la casa buscándole. Reptaba debajo de los sillones y de las camas. Se metió en los armarios, abrió la nevera con un gran esfuerzo, tiró todo lo que había a su alcance.

Bajamos a la calle los tres, con nuestras mascarillas y las cosas del perro.

—Yogui —decía el crío con su lengua de trapo.

Vinieron sus compañeritos de juegos: dos hermanos mellizos y una niña que se llama Javiera.

Mi mujer les explicó que el perro había muerto y que estaría jugando en el paraíso de los perros.

—¿Eso qué es? —preguntó Javiera.

—No lo sé muy bien —dijo mi mujer—. Vamos a despedirnos de él.

—Vale —dijo Juan, uno de los mellizos—. Voy a hacer un muñeco de barro, aquí junto a la fuente. A Yogui le gustaba tirarlos con las patas de atrás y mearse encima.

Se pusieron a dibujar un muñeco con un palo, le colocaron el collar de Yogui y le hicieron un rabito con la correa. Mi crío se encargó de darle patadas berreando.

—Adiós —dijo Javiera—. Diviértete en las nubes.

—Adiós, Yogui. No confundas la luna con tu pelota —dijo Mario, el otro de los mellizos.

Mi hijo, en cuclillas, se meó encima levantando la piernecita izquierda.

Alma en calma

Uno de julio

36 días de la 2.ª fase

114 días de confinamiento para Alma

Aurora. ¿Cómo estás?

Alma. No te lo vas a creer, no me duele nada, ¡estoy hasta contenta!

Aurora. ¿Te tomas las pastillas?

Alma. Sí, claro; me paso el día durmiendo. Tengo unos sueños maravillosos.

Aurora. Cuéntamelos.

Alma. Se me olvidan. Te vas a reír: ayer subí al monte Fuji antes del anochecer.

Aurora. Te dejo con tus cosas.

Alma. Sí, solo quiero dormir, tumbarme en el bosque, a la sombra de los árboles.

Pobre de mí

Siete de julio

115 días de confinamiento

Vengo muerto, más agotado que si hubiera corrido delante de los toros.

Salí de casa de madrugada, con la angustia de ser ilegal, de conducir con el carnet de mi padre y deberle ese favor.

Cruzando los dedos para que no me pasara nada. Para que ningún cliente me trajera el virus y me lo dejara en el asiento de atrás.

Para abrir boca, recogí a un ejecutivo cerca de un gran hospital. Venía con una bolsa de deportes. Parecía recién duchado, vomitado de un gimnasio de puro limpio y repeinado.

Nada más entrar en el coche, le oí decir por teléfono:

—Sí, Fermín, sí, ya he recogido las cosas de Ramón. Las llevo en una bolsa de basura de plástico amarillo, la que me han dado en el control. Menos mal que traía mi bolsa de deportes y la he metido dentro. Me hubiera dado vergüenza arrastrar como si fueran restos de galletas lo que queda de un hombre.

Me recorrió el espinazo un escalofrío. Me subí la mascarilla para ajustármela bien a la nariz. Ya soy perro viejo.

—Me han hecho firmar un recibo por unas playeras desgastadas, una camiseta blanca, sus calcetines, un pantalón, un jersey y el móvil. Parece que la novia, cuando le llevó a urgencia ardiendo de fiebre, antes de desaparecer y si te he visto no me acuerdo, le quitó el anillo y la cadena del cuello.

Me acelero y tengo que dar un volantazo para frenar en un semáforo. Siguen funcionando en las

calles vacías, como si nada hubiera pasado en la ciudad enchiquerada.

—Lo de firmar es un vicio: he firmado el recibo, he firmado que le reconocía, otro trago. Era la segunda vez que le veía en mi vida, y he aceptado que era él. Qué más da. Luego he tenido que llamar a una funeraria. Me acordé de cuando enterramos a la vieja, y menos mal, porque la que ofrecían en el hospital era carísima, y pagas tú. He firmado el contrato de cremación, y he firmado que recogeré las cenizas.

El semáforo sigue en rojo. Me cuesta respirar.

—Me han dicho que por un suplemento llevan la urna a casa y que es más seguro. He dicho que sí. Ayer, antes de venir, después de que me llamaras, soñé que quedaba contigo en un parque y estaba con nosotros él, Ramón, sentado en un banco liando un cigarrito.

Siento la protección de mi pantalla de metacrilato, a mi espalda, como si llevara un chaleco antibalas.

—No te preocupes, Fermín. Dejaré sus cosas y la urna en la terraza hasta que podáis venir. A saber cuándo consiguen traer las cenizas. Me han dicho que es un no parar. Supongo que vosotros no podréis viajar tampoco, así que le buscaré un hueco fuera del alcance del gato.

Llegamos, le cobré y desinfecté hasta el guardabarros. Me alivié en una gasolinera. Los baños están cerrados desde que empezó todo esto. Acabé detrás de un árbol, con la vejiga a punto de reventar.

Luego, a acechar desde el volante hasta atrapar otros viajeros. Puros kilikis: una señora mayor que va del médico a casa, una chica joven peleándose a berrido limpio por el móvil con su novia:

—Que sí, que te dejo, que no me encierro más en ese toril contigo. No soporto tenerte pegada a la chepa. El calor de tu aliento todo el día buscando mi boca me mata. Odio tu chándal rosa... ¡No me llames zorra...! ¡No quiero verte más en mi vida!

Salir de casa

Nueve de julio

117 días de confinamiento

Alma cierra la puerta de su casa, se acerca al ascensor apoyándose en Aurora y parándose cada dos o tres pasos.

Solo sale al médico. Se ha resignado a agotarse al menor esfuerzo. Respira mal.

Alma. Me cuesta ir a la consulta, y no creo que me ayude mucho. Lo hago por vosotros.

Aurora. No puedes dejarte ir.

Alma. ¿Por qué no? —Mira a Aurora con unos ojos que ya se han despedido de este mundo.

El rapto

Veintiséis de julio

124 días de confinamiento

No sé si esto es vivir o dejarse estar en la vida. Mi madre se sostiene por los pelos en esta tierra asolada por la peste, y mi padre está descabezado como un pollo.

Me duele un costado. Es la vida, que no puedo con ella. Estoy sola con mi perro Lelepe. Parece que no sé cuidar a nadie, que no hilvano dos ideas juntas.

Encerrada en una habitación que no me gusta, pasan mis días, todos iguales. Los malvivo mirando por la ventana una calle desierta, una ciudad tomada por un virus, un continente en retirada. Acariciando a mi perro, también triste.

Me da todo tanta pena que solo sé beber cerveza y tumbarme a llorar.

Me gustaría no levantarme más.

Me duele el costado izquierdo; ya se me pasará. Al hospital no voy ni a rastras. No por el contagio, eso lo soportaría. Por las horas, los días, sentada con la mascarilla puesta, esperando.

Llevo tomados un montón de calmantes. Me voy a tomar otro. El dolor es insoportable, me duele el alma.

El SAMUR llegó tres días después. Les avisaron los vecinos cinco horas antes de su llegada. Preocupados por el olor.

Camillero. ¿Será COVID?

Auxiliar. Puede ser un infarto. Le he oído al médico que está muriendo mucha gente del corazón.

Camillero. Qué pena, tan joven y tan guapa.

Auxiliar. Aquí hay un diario: «No sé si esto es vivir o dejarse vencer por la vida».

Alma se apaga

Veintinueve de julio

138 días de confinamiento de Alma

Alma. Adiós, guapa.

Aurora. No te vayas.

Tequi

Seis de agosto

144 días de confinamiento para Alma

Médico. He venido sin medicación. Pensé que estaba algo mejor. Mi idea era hacer un plan a medio plazo.

Aurora. Si quieres, vamos a buscar lo que se necesite y lo dejamos hecho.

Médico. Me parece bien, cojo el metro y en una hora estoy aquí.

Aurora. Vamos en taxi. Te acompaño, así tardamos menos; no aguantaría la tensión de esperarte sin hacer nada.

Bajan a la esquina, a otear el tráfico, a levantar la mano.

Atraviesan una zona nueva de la ciudad, impersonal, con vocación de moderna; no la reconocen como propia. Al llegar al centro se sienten en casa.

Aurora espera en el taxi a que el médico baje las jeringas, las agujas y las ampollas de sedación. Cierra los ojos. A sus 20 años esperaba recostada en el asiento de atrás de un tequi, en esta misma esquina, a que este médico, entonces estudiante de tercero de carrera, bajara los panfletos para hacer una siembra en el metro.

El trayecto de vuelta es un giro atrás en el tiempo: está asustada, con el corazón agitado y la boca seca, lleva la «propa» en la barriga, debajo del jersey. Bajan juntos los escalones del metro, se miran: una, dos, tres, ya...

Corren hacia el andén. Hecho, han sembrado el vestíbulo y las escaleras mecánicas. Entran en el primer metro que pasa, cada uno en un vagón distinto. Salen en la estación donde acordaron la cita de seguridad. Se miran, les da una risa tonta. Se van a clase cada uno por su lado. Son las ocho de la mañana. Para estas cosas, él se llama Ernesto, por el Che; ella, Alejandra, por la Kolontái.

Abre los ojos. Hoy van a casa de Alma, a sedarla como les ha pedido. Son las ocho de la tarde de un jueves de agosto. Hace calor.

La mirada de Alma

Seis de agosto

144 días de confinamiento para Alma

Alma está tumbada en el sofá, en esa postura de pajarillo herido en la que ha vivido estos meses. Delgadita, silenciosa, durmiendo el sueño de los tranquilizantes.

El médico abre el maletín, saca la palomilla y, a horcajadas sobre la cama, se la clava entre el omóplato y las costillas. Después le explica a Aurora cómo cebar esa boca de plástico con la jeringuilla. Le indica cantidades e intervalos, le pone la primera dosis, y comprueba que le ha entendido.

—¿Me reconoces, Alma? —le dice el médico mientras examina la palomilla subcutánea que le ha colocado por debajo de la clavícula izquierda.

Le responde el silencio, una mirada para la que todo está ya detrás y nada tiene color.

Se le cierran los ojos en un adormecimiento buscado y gustoso que no quiere ni pensamientos ni palabras. No está con ellos.

No hay despedida.

Médico. Cada ocho horas le pones dos mililitros. Te dejo morfina por si tiene dolor. El procedimiento es el mismo: quitas el tapón de la palomilla y se lo inyectas con la jeringa.

Aurora. Lo que tú digas.

Médico. Tengo que avisar al cero nueve. Vamos a otra habitación, por si nos oye.

Aurora. De acuerdo.

El médico marca en su móvil.

—Buenas tardes, llamo de paliativos. ¿Me pones con el compañero de guardia?

... Hola, soy MG. Eres Pedro, ¿verdad?, te reconozco por la voz. Estoy en un domicilio.

Una paciente en SUD. Te llamo por si te necesitan, para que lo tengas en cuenta. Se llama Alma... Te digo su calle, el piso y el DNI. ¿Necesitas número de historia?... Apunta.

Termina la llamada, cuelga, sonríe. Se va hacia su fin de semana. Llamará el sábado por la mañana para saber cómo evoluciona.

Se quedan solas. Al marido le han dormido con un tranquilizante.

Aurora intenta leer. Intenta dormir.

Oye la respiración de Alma acompasada, tranquila. La oye toser.

Apaga la luz.

Despedida

Siete de agosto

145 días de confinamiento

Alma sigue tumbada en el sofá. Está durmiendo el sueño de la sedación.

Cuando se quedan solas, Aurora la mira. Alma sonríe tranquila, duerme en paz. Su respiración es un mantra.

El marido cena embutidos y cerveza; se toma sus pastillas, como si no pasara nada. Se desnuda, se va a la cama. Ronca. Pasa toda la noche roncando; sus ronquidos son la música de fondo, el hilo musical de la casa.

Tumbada al lado de Alma, Aurora ojea un libro de viajes que no la atrapa, no la saca de la habitación. Dormita, atenta a los mínimos suspiros de Alma, a sus quejidos de dolor. Esos gemidos imperceptibles son la señal para cebar la palomita, para empujar a la muerte con la jeringa al encuentro de Alma, para hacerla subir por sus venas.

Guarda la jeringa después de cada dosis, y se acuesta a su lado una y otra vez.

Mirando al techo, sueña que es al roncador indiferente y tripudo al que ayudan a morir Alma y ella.

Después de la tercera toma llega el amanecer. Sale a la ventana a ver nacer el día: los tejados, el rascacielos, las azoteas. Es un día de agosto, caluroso.

El último día de Alma. Un día que ya no verá y que escribirán en su certificado de defunción.

Se vuelve a mirarla. Duerme plácidamente.

Adiós, Alma

Ocho de agosto

149 días de confinamiento

Limpia la casa, atrapada por un frenesí que no reconoce: barre, friega, prepara el desayuno del marido y se va a duchar.

Se deja acariciar por el agua caliente; quiere rebajar tensión muscular. Dar descanso al cuerpo. Siente que se diluye.

Se pone ropa de Alma para que la acaricie.

La ve dormir con la tranquilidad del colocón. Le angustia pensar que de ese sueño no despertará, que la hace dormir para que se vaya tranquila y no se muera ahogada.

La llama.—Alma.

Le responde el silencio. Alma abre los ojos, tiene una mirada vacía.

Se sienta con su libro, manda al marido a la compra y espera las visitas, dispuesta a no estar allí en sus despedidas.

Alma tampoco está.

Sus amigos, sus hermanos necesitan verla antes de que se quede fría y la pelona la abrace para siempre.

Vienen de dos en dos o de tres en tres, con mascarilla, como ordena la COVID. Le dicen adiós. No se atreven a besarla, se sientan a su lado, hablan con ella.

Sigue haciendo calor.

Pasa la mañana, llega la tarde. Alma sigue en su sofá, de espaldas a todos.

Alas nueve de la noche vuelven a quedarse solos los tres.

El marido se toma su pastis, su cena y su cerveza, y se acuesta a roncar.

Alma se queja como se queja un bebé. Aurora le da su toma.

Seis horas después le prepara otra dosis.

A las cinco de la mañana se mueve un poco. Se sienta a su lado. Alma hace un pequeño ruido con la boca. Ya está. Eso es todo.

La viste, quiere que la vean limpia. Se sienta a esperar. No avisa a nadie hasta las nueve, ¿para qué?

Parece viva, ya no lo está.

Ritos

Nueve de agosto
150 días de confinamiento

Le pone su colonia favorita. No tiene emociones, no tiene sangre en las venas. También se ha quedado fría.

Llegan sus hermanos. Primero, el que se encargará de avisar a la funeraria y firmar los papeles.

Diez minutos después, la pequeña, la que se quedará con las cuatro cosas que tenía después de toda una vida. En el tiempo transcurrido desde que la aviso hasta que llega, ha puesto la cuenta de Alma, que estaba compartida, a su nombre.

Ha cuidado a Alma con esmero, qué triste que fuera por cobrar.

Su hermano la lleva en brazos a su cama; deja el sofá libre. Está esquelética como cualquier cadáver extenuado. Hace tres horas estaba viva.

Qué postura más formal tienen los muertos encima de la cama. Serios, rígidos,fríos.

En el dormitorio hay una silla en una esquina; allí sigue Aurora cuando llegan los cuatro porteadores de la funeraria vestidos de gris, con calcetines cada uno de su padre y de su madre, con su camilla de PVC y su funda para muertos. Una funda azul marino con cremallera metálica, como las de viaje para trajes caros.

Alma sale de su casa en esa angarilla tan práctica. La despiden los tres. Su marido ha salido a dar una vuelta.

Empieza a llegar gente, la casa se llena con el cariño de quienes la querían y se vacía de ella. Se nota el agujero.

Después el viaje al tanatorio, ese impersonal aeropuerto de muertos. Más afecto convertido en impotencia.

Una noche de insomnio y al cementerio, una sala pequeña, todos guardando distancias. Un adiós helado en una mañana de agosto en la ciudad de la COVID.

El duelo convertido en ira. Se ha perdido la batalla.

Vuelve cada uno a su cubículo.

Solos, como pollos en una granja industrial, la lloran en sus celdas de aislamiento.

Buenaventura

Dos de febrero del 2021

Un año de nueva normalidad

Mi niño y yo vamos a conocer a su hermanita. Cuando nació no pude dejarle con la abuela: está en una residencia. Como no quise poner a los amigos en un aprieto, no estuve en el parto, me quedé en casa con él.

Llevo dos días sin ver a mi mujer, aún no conozco a mi hija.

Hubiera querido estar con ellas, acompañar un poco su desamparo. Me atormenta imaginar a mi mujer sola con ese dolor tan intenso, con ese trabajo en el que todo el cuerpo se pone en juego, se parte. Me duele que la cría haya nacido sin un gesto de acogida, sin un abrazo mío.

He tenido que pedir un permiso especial para poder entrar en el hospital con el niño. Nos han permitido una hora de visita, ni un minuto más.

Todos llevamos mascarillas, menos el bebé. Mi hijo se la quita constantemente.

Se va a llamar Cristina, como mi madre. Si fuera un niño se llamaría Buenaventura, como mi abuelo. Es un nombre que da suerte. A mi madre se lo decimos por teléfono. Le enseñamos a la niña por Whatsapp. Llora. Le prometo hablar con ella cuando vuelva a casa, mandarle fotos por el móvil, hacerle un vídeo de su nieta.

El niño también llora. No puedo soltarle de la mano, no se acerca a la cuna de su hermanita. Tiembla.

Mi madre no podrá cogerla en brazos, mi hija no podrá dormirse con las nanas de su abuela.

La visita ha terminado. Les damos un beso a las dos.

—Te deseo mucha suerte, hija mía. Eres preciosa. —Aprieto su manita. Duerme feliz en sus primeras horas de vida.

El chiquillo se agarra al brazo de su madre. Me cuesta separarlos. Sigue llorando en el ascensor.

Nos vamos. Bienvenida, Cristina. ¿A qué mundo te hemos traído?

Al salir del hospital, la luz del mediodía ilumina la calle.

Mi hijo me mira.

—Es pequeñita —dice, y echa a correr hacia delante.

El valle de Josafat

Catorce de marzo del 2021
1.er aniversario del confinamiento

La doctora, haciendo toda clase de requiebros semilegales, jugando con el protocolo a favor de su preocupación por nosotros, le sacó de la UCI para hacerle una prueba, con el único fin de que nos despidiéramos. Nos permitió verle en Radiología, pero solo a uno. Mi madre decidió que fuera yo, que tengo todos los anticuerpos del mundo y me hago PCR casi para respirar. Ella se quedó fuera con Guillermo y con mi hermana. Sin poder parar quieta, dando vueltas como un perro que ha perdido el rebaño. Al entrar, pensé en la capacidad de seducción de mi padre: incluso con un pie en la tumba, tenía a su médica comiendo de su mano.

Nos llevaron a un cuartito enano, el vestuario de Rayos. Allí sería nuestro último encuentro.

Allí estaba mi padre, con sus sueros uniéndole a la vida y a un palitroque metálico. Con sus gafitas de oxígeno.

Con su traqueotomía, que le obligaba a escribir en el móvil lo que me quería decir. Con su agotamiento y su miedo, con su delgadez y su fiebre.

—No te preocupes, hija, no creas que has sido tú. —Traía escrito en el Whatsapp con un emoticono sonriente...

—No es momento de que me cuentes cuentos. He venido a despedirme, papá. Quiero que me abraces y fundirme contigo.

—No seas cursi. —Escribió en su móvil.

—Y tú no seas perdonavidas —le dije—. Quiero sentir en mi cuerpo lo mucho que me quieres.

—Sé que piensas que me contagié el sábado en la terraza de tu bar, celebrando tu cumpleaños. —Tecleó.

No dije nada.

Respiraba con dificultad. Oí cómo el aire vencía obstáculos, subiendo a duras penas por sus bronquios inflamados.

—Me contagié el miércoles anterior, cuando fui al fisio. Hoy me ha llamado para avisarme de que está en cuarentena. —Me dijeron sus dedos.

Le sonreí y dije que le creía. No era cierto.

—Dice mi médica que me voy, que me va a sedar. Respiro mal y estoy agotado, como si hubiera peleado con un enorme oso polar y me hubiera vencido, pero no me siento morir.

Todo lo que decía me sonaba a música celestial, sabía que se iba. Solo quería su cuerpo pegado al mío.

Le abracé como pude, sentí su calor y su protección. Oí su corazón acompañando el mío y sus estertores rompiéndole por dentro. Me envolví en su ternura.

Me sentía a salvo en sus brazos, recién nacida.

Deseé que no acabara nunca ese momento, conjurar a la muerte que esperaba en la puerta, lista para llevárselo.

—Aún no estoy cansado de la vida —murmuró con un hilo de voz, ahogándose, rompiéndose a cada golpe de tos.

—No te vayas, tenemos partido la semana que viene —le dije.

Cerró los ojos.

Su doctora vino con el auxiliar para subirle a UCI.

Al día siguiente, cuando volví, ya era cadáver.

Ni me atreví a verle ni me dejaron.

El charco

Diecinueve de marzo del 2021

Cuarta ola

Consuelo. Señora, quisiera platicar con usted.

Andrea. Claro, pásese cualquier día a la hora de la cena de los niños. Cuelga.

Tengo que ir a pedir pisto, no hay otra forma de pagar la boleta de avión. Dejé a la doña tirada cuando empezó el confinamiento. Me arrimé a mi familia: a mi hija y a mis dos pequeños, los que tuve con ese huevón.

Al principio me asustó mucho la peste esta; después tuve que seguir trabajando y espanté mis miedos, qué remedio.

Perdí mi chamba de interna por no emparedarme con los hijos de la jefa, y mira que quería a los gueritos, pero encontré laburo enseguida, trapeando en un súper. Alguien tiene que hacerlo. Se baldea más que nunca, es un ir y venir detrás de los clientes con el mocho y la lejía. Al principio los compradores esperaban en la calle con mascarilla, lejos los unos de los otros. Entraban de uno en uno acobardados, guardando las distancias. Los seguratas mantenían el nuevo orden, y era todo como una procesión solemne y fúnebre. La procesión del silencio y del papel higiénico.

Poco a poco, pasados los primeros meses, ocurrió como en el metro, que ya no hay asientos vacíos y se va tan pegoteado al alerón ajeno como siempre. Enmascarados, eso sí. En el súper pasa lo mismo: hay una cola que los clientes cumplen cuando se acuerdan y en las cajas. Mucho gel a la entrada, y se pasa la fregona como si bailaras reguetón. Sin parar.

Un año después de que empezara la pesadilla, murió mi cuñada en Valencia, y hace unos meses, mi hija Gladys estuvo boqueando en IFEMA, pero la vida sigue y una deja de preocuparse. Lo de mi cuñada fue una tragedia, pero vivía lejos y era una atravesada. Mi hija salió sin fuerzas, pero sanita. Cuando le dieron el alta y llegó a casa,nos confinaron a todos. Los chigüines encerrados en el piso eran gatos rabiosos. Aquello fue una jaula de grillos.

La sensación era de habernos salvado, de que la pesadilla se había quedado atrás, hasta que me llamó mi hijo desde Tegus y me dijo que estaba ingresado su padre.

Ahí se me vino el mundo encima. Le había dejado por putero y por matón, pero era el hombre de mi vida. Puro cuero.

Tengo cinco hijos, tres con él: la mayor, una mujercita, es la que está aquí, y me cuida los dos cipotes del baboso, ese que me dejó al poco de nacer los críos. Los otros dos son también de él y se me quedaron en Tegus.

Esa noche la pasamos mis hijos allí y yo aquí pegados al celular. Él les mandaba mensajitos tranquilizadores desde el hospital, hasta que dejó de mandarlos y no supimos si había colgado los tenis o se le había acabado la batería.

Se había ido de Comayagua, estaba en su pueblito encerrado en la casa, sin ver a nadie, pero al parecer bajó al mercado a principios de mes, y allí lo debió pillar. Gordote, fumador y tranquilón se sintió mal y no avisó a nadie por no molestar. Así era él, se lo trataría a base de guaro.

¡Qué noche! Saber que al amanecer morirá quien amas no se lo deseo a nadie. El corazón no me encontraba sitio en el pecho. Todo se me iba en angustia. Estaba aquí al otro lado del mundo, rodeada de gente a lo suyo, con mi mayorcita. Mis hijos, allí, luchaban para no quedarse huérfanos, y su padre se ahogaba en el San Felipe. Me acordé de la muerte de mi madre y de que él estuvo conmigo, ayudándome a despedirme, mirándome a los ojos, cogiéndome de la mano. Los minutos fueron horas; las horas, una eternidad. Después, nada, la trivialidad y la prisa de lo ya inevitable y banal. He querido a un número de la estadística que sale en la tele y que ya ni miro. Se llamaba Jesús. Me despertó a la vida. Se ha ido.

No puedo dar la espalda al desamparo de mis hijos, quiero traérmelos acá a toda costa. Es imposible, así que tengo que volver al fondo de la ciénaga. Los chicos me piden que no lo haga, que voy a mal morir, pero no puedo dejarlos solos.

Me toca juntar plata, volar junto a ellos; después ya se verá. Si no hay mascarillas, si no hay respiradores, si no hay oxígeno, correré su misma suerte. Los cipotes se quedan aquí con su hermana. La dejo bien fregada a mi chinita.

Oscuras Golondrinas

Veintiuno de marzo del 2021

Cadena perpetua

Querida Hortensia:

Llevo vacunada siete meses, y más de un año esperando este momento. Desde que murió Lorenzo, me he sentido muy sola. Abandonada a mi suerte.

Cuando se lo llevaron al tanatorio desde el hospital, y no me dejaron acompañarle, supe que me iban a aparcar aquí. Me resistí a seguir en la residencia como un gato rabioso, pero no hubo nada que hacer. Es la terminal de mi viaje: un internado para yayos. Tengo voto de clausura y salida en cajón de pino.

Desde que estoy viuda vivo encerrada en el cuarto de las escobas; mi habitación es más pequeña que cualquier armario de casa; los muebles, horrorosos de puro baratos.

Me dejan la comida al otro lado de la puerta como a un perro rabioso.

La puerta está siempre cerrada, no veo a nadie, el mundo solo asoma por el móvil.

Huele a pañales, a sopa de convento y a aceite rancio.

Todo esto que tú y yo no hubiéramos soportado nunca es ahora mi día a día.

Dormito viendo la tele hasta el aburrimiento más aplastante.

No me reconocerías.

Me entretengo lavándome las bragas y el sujetador en el lavabo, por hacer algo.

No cuento nada a los hijos, no quiero preocuparles, bastante tendrán los pobres.

Por eso hablo contigo y con Loren, aunque no me conteste.

No me atrevo a preguntarte por nadie, por si me dices que ha muerto también.

Ya no tengo agenda, todo son cruces,

Este año nos estamos yendo todos con la santa compaña.

Paso horas mirando por la ventana las losetas del patio.

Me he aficionado a los pájaros, a verlos volar, a espantar a las urracas para que no se coman todos los restos de comida que les dejo en el alféizar.

Hay un gorrioncillo al que le he puesto su nombre: se llama Lorenzo.

Por fin hoy, el chico me ha traído a su casa a comer. Su plan es devolverme después de la siesta.

He conocido a la nieta. La niña se llama como yo; ya tiene cinco semanas.

Es clavada a su padre, mi hijo. A veces tiene la mirada de mi hermano mayor, unos ojos tristes, como si ya conociera las penas del mundo.

Hemos comido paella. Han decidido que me gusta, y toca callarse para no molestar.

Estaba buena.

La nuera está agotada y muy guapa.

Ahora me han plantado aquí en la terracita de la cocina, junto al tendedero. Me han puesto una sillita de plástico y una banqueta para los pies.

Han pensado que duerma una siesta que nunca he dormido y que haga como una boa la digestión del arroz.

Me gusta mirar la ropa de los niños en el tendedero, y me hace feliz el sol de la tarde.

Mañana le dejaré a Loren, mojado en leche, un trocito de pastel del postre que he escondido en el bolso.

Cierro los ojos para hacerles dichosos, para respetar su intimidad y para irme de este mundo con él, y mira que era plasta el pobre. Al abrirlos, veo una bandada de golondrinas que levanta el vuelo hacia el horizonte.

Deben tener el nido por aquí cerca.

Tercer acto

20 de marzo del 2021

De atardecida, terminada ya la jornada. El de la inmobiliaria y yo abrimos la puerta de la calle. Es una puerta de madera tallada, pesada como una losa.

La calle, el portal, la puerta..., apellidos de la infancia de mi marido. Señas de identidad desdibujadas por el tiempo.

El de la inmobiliaria enciende la luz del pasillo. Es un petimetre con chaqueta de confección, capaz de decirnos cualquier cosa a mí y a quien haga falta. Nos recibe el olor a moho de una casa en la que acaba de morir el dueño.

El abrigo de mi suegra Cris, con el cuello de foca pelado por los años, la espera en el armario del recibidor.

Los libros y las revistas de mi suegro amarillean en el consultorio. Las ventanas abiertas, con las persianas subidas, espían la calle como han hecho siempre. La vitrina del instrumental tiene las llaves puestas. Parece que el paciente sigue aún sentado en la camilla, desnudo de cintura para arriba, tosiendo, esperando acobardado la sentencia.

En la habitación de la chica, la bombilla del techo cuelga de un cable pelado que se enciende con una perilla. El espejo, frente a la cama, refleja un cromo y una postal de las murallas. Encima del armario no está la maleta de cartón que traían del pueblo, se la llevó la última cuando se fue, y apareció la externa de la Ceiba, pero sigue sobre la cama, cubriendo la manta cuartelera, una colcha rameada de algodón.

Junto al fregadero, un frigorífico tripudo, de los que hacen ruido al abrirlos y fueron modernos en la infancia de Mahoma. Dentro, la mantequilla del desayuno y el yogur de la cena. En la fresquera, nada.

El olor a cocido y a la paella de los domingos ya no se cuela entre los brazos de la criada cuando tiende la ropa. Era soltera y devota, capaz de llevar un hábito morado para cumplir una promesa. Hoy huele a lejía.

En los cuartos, las camas de los hijos que se fueron, hechas como si volvieran esta noche a dormir a casa. La poca ropa que dejaron al fondo de los armarios, cuelga en las perchas, con los bolsillos llenos de naftalina.

En el dormitorio principal, las novelas de Simenon en la mesilla de la izquierda, ediciones de bolsillo manoseadas hasta el aburrimiento. En la que esta encima, un recordatorio de primera comunión señala la página. A la derecha, Dickens, en edición de piel y papel biblia, como único señor.

En el comedor, una mesa maciza, enorme, unas sillas rectas incómodas, un jarro con agua fría.

El cuarto de estar, con la tele de frontispicio; el teléfono junto al sillón, la manta de lana y el chisme de telealarma.

En el sillón, su olor, el vaso para la manzanilla y el mando de la tele.

Huellas de la bajada hacia el Leteo. Fósiles de un mundo muerto.

Ni el mercado del barrio, ni la mercería, ni siquiera los cines del centro reflejan su vida embalsamada ya en películas pasadas de moda y en cajas de fotos.

—No sabe cuántas casas como esta estoy sacando a la venta. La ciudad liquida a sus mayores —me dice el chico.

Ir al piso, ponerlo en venta, asomarse a las tripas de la familia, a las ventanas de sus ojos, a las paredes de su piel, sentirse uno de ellos, morir un poco. Mi marido comía aquí los domingos, cuando el taxi le dejaba un rato libre. Sus padres mantenían en este piso, sobre todo Cris, una resistencia de caballo viejo atrincherado en la cuadra.

Un mutis por el foro es su último gesto.

Cae el telón.

Coda

20 de marzo del 2022

Por la mañana temprano dejamos a su hermano en el cole, y con la luz del día pisándonos los talones, llevo a mi hija a la guarde. Va feliz, le gusta todo lo que ve, se ríe con el zureo de una paloma, con los andares de un gato. Su risa es una cascada de cristal.

La cola para entrar es una fiesta, los niños le resultan atractivos, misteriosos. El enigma de la vida la fascina. A mí, en cambio, me preocupa cada día más, y a mi madre, la pobre, le encoge el corazón.

Cuando entra, nunca mira atrás y nunca se despide, solo tiene presente, como Yogui, nuestro perro, cuando vivía.

La niña pasa de mis brazos a los del educador, que la acaricia con achuchones de animalote. No sé si sonríe: no se quita la mascarilla.

Los dos intentamos que la niña diga hola, adiós, lo que sea.

—¡¡¡Hello, Cris!!! ¡¡¡Welcome, Cris!!!

Nada...

—Estimule a la niña hablándole sin mascarilla.

—¿Le pasa algo a la cría?

—No, se han retrasado todos.

—¿Es algo general?

—Eso parece, aprenden por imitación.

—¿Nuestra boca no le es familiar? En casa no llevamos mascarilla.

—Hágale fijarse en sus labios.

—Lo intentaré.

—Cuéntele cuentos.

La niña le tironea de la mascarilla, lo hace mucho.

Me voy. De camino al taxi, me embozo otra vez.

Sobre el capó hay una golondrina muerta.

La retiro con mucho cuidado y la envuelvo en mi mascarilla como si fuera una mortaja. Hago un hoyo en el alcorque de una acacia y la entierro.

—Adiós, avecilla —digo vocalizando con precisión. Vendré a verte con Cris. Le enseñaré a decir tu nombre.

Amona Ferrer

Soy Amona (abuela) Ferrer. Una mujer mayor, testigo de nuestra historia. Cuento lo que veo, lo mejor que puedo. Nada mas que decir de mí, una vida como tantas otras,, prefiero que leáis lo que escribo.
Me cuesta que alguien se interese. Soy vieja, se da por hecho que ya no me entero de nada.
Paciencia.